费县刘家疃汉画像石墓

山东博物馆
费县博物馆 编

文物出版社

图书在版编目(CIP)数据

费县刘家疃汉画像石墓 / 山东博物馆，费县博物馆
编. —— 北京：文物出版社，2019.12
　　ISBN 978-7-5010-5853-2

　　Ⅰ.①费… Ⅱ.①山… ②费… Ⅲ.①画像石墓-发
掘报告-费县-汉代 Ⅳ.①K879.425

　　　中国版本图书馆CIP数据核字（2018）第282413号

费县刘家疃汉画像石墓

编　　者：山东博物馆
　　　　　费县博物馆

封面题签：赖　非
责任编辑：贾东营
责任印制：陈　杰
出版发行：文物出版社
社　　址：北京市东直门内北小街2号楼
邮　　编：100007
网　　址：http://www.wenwu.com
邮　　箱：web@wenwu.com
经　　销：新华书店
印　　刷：北京雍艺和文印刷有限公司
开　　本：889mm×1194mm　1/8
印　　张：15　　插　页：13
版　　次：2019年12月第1版
印　　次：2019年12月第1次印刷
书　　号：ISBN 978-7-5010-5853-2
定　　价：280.00元

编辑委员会

前　言

费县刘家疃汉画像石墓发现于 19 世纪 50 年代，原命名为潘家疃汉墓，后来随着村落发展和变更，费县申报省级文物保护单位时，命名为刘家疃汉画像石墓，现依据省保名称更改为现名。当时山东省博物馆派毕宝启等人赴费县指导发掘工作，因为时间相隔较远，加上中间"文革"的影响，目前在费县博物馆中未能发现此墓中的出土器物。发掘清理后，墓葬原地封存。21 世纪随着石刻热的兴起，墓中中室的石柱被打碎盗掠，万幸的是后来被公安部门追回，目前保存在费县博物馆内。

2015 年，我馆典藏部于秋伟等课题组承担了国家文物局《山东地区汉代石椁画像调查与研究》课题，课题组到费县调查石椁资料时，时任费县博物馆馆长的潘振华同志谈到了刘家疃汉画像石墓，征求双方合作出版正式图录的意见。山东博物馆课题组以石刻见长，此前已经与沂南汉墓博物馆合作，编写出版《沂南北寨汉墓画像》线图，双方一拍即合，奠定了工作的基础。

课题组成员于秋伟、李宁、朱华、阮浩、周坤等多次前往费县实地勘察，为了更好的展现墓葬原貌，费县博物馆在墓葬上面建设了一栋房屋加以保护。墓葬属于原地封存，其上有数量不少的泥土。为了搞清墓葬结构，确定墓葬边圹，课题组向临沂沂州考古所求助，邱波、张子晓慨然应允玉成，派员参加、指导了填土和墓圹的清理工作，保证了工作的顺利进行。在墓葬填土清理完成后，课题组聘请刘善沂进行了墓葬图纸的绘图工作，阮浩、周坤进行墓葬的拍照工作，杨西辉进行画像的拓片拓制工作。

刘家疃汉画像石墓结构基本完好，只有前室藻顶被破坏，结构不清。结合中室、后室藻顶看，应该也是叠涩内收法，由于未在前室中部发现过梁，结合叠涩石较大的情况，前室叠涩内收成一个大的藻顶的可能性较大，高度要远远超过其他两室的藻顶，这也是它容易受到破坏的原因。在填土中发现了大量叠涩石残块，其中一块还发现龙的画像，但是位置不清，未计算在墓葬画像内。

发掘清理工作完成后，课题组在费县博物馆同仁的配合下，进行了拓片拓制、绘图和照相工作，其中大部分时间花在了榜题的释读上，榜题由于地下中水的长期浸蚀，出现了大量的干扰线，给释读工作造成了非常大的难度。姜生教授释读了字数最多的榜题，在其他文字的释读上也提出了自己的见解。课题组本着考古发掘的原则，可以释读的释读，其他未做解释。由于榜题对于画像解读非常重要，不同的释读会产生截然不同的结果，课题组因此谨慎对待，尽量科学地传达正确的信息。

在拓片完成后，朱华进行了线图的描绘工作，因为临沂画像石的特点就是线条细密，因此工作进行了 5 个月的时间，一笔一划地勾绘出美丽的线图，为本书增色。

后期报告的编写主要由于秋伟执笔，在画像的描述上因为作者能力有限，同样遇到了很大的困难，尤其是刘家疃汉墓中特有的几幅画像，没有参考的旁证，解读可能有片面性，还望专家学者们斧正。

此外，费县博物馆馆藏画像石比较丰富，出土地点较多，雕刻风格集中体现出与刘家疃汉墓的一致风格，作为刘家疃画像石墓的参照，附录于后。

最后，向山东博物馆课题组致敬，2015 年完成《沂南北寨汉墓画像》，2018 年完成《费县刘家疃汉画像石墓》，陆续开展的工作还包括诸城前凉台、嘉祥武氏祠等，他们是于秋伟、李宁、朱华、宋爱平、阮浩、周坤、杨西辉、刘善沂。

目　录

前　　言 5

一　地理环境和发掘经过 1

二　墓室结构 2

三　墓室画像分布 14

（一）墓门 14

（二）前室 14

（三）中室 16

（四）后室 18

四　画像内容考证 18

五　结　语 22

（一）墓葬年代 22

（二）墓主人身份 22

（三）画像布局 23

图　版 24

插　图 69

附　录 93

后　记 135

插图目录

图一　费县刘家疃汉画像石墓位置示意图 1

图二　1.费县刘家疃汉画像石墓仰视图 3

图二　2.费县刘家疃汉画像石墓平面图 4

图三　费县刘家疃汉画像石墓剖面图 5

图四　墓门正面图 6

图五　费县刘家疃汉画像石墓俯视图 7

图六　前室横剖面图 8

图七　中室横剖面图 9

图八　中室立柱图 10

图九　耳室剖面图 11

图一〇　后室横剖面图 12

图一一　墓葬鸟瞰图 13

图一二　墓门横梁画像线描图 71

图一三　墓门北立柱画像线描图 72

图一四　墓门南立柱画像线描图 72

图一五　墓门中立柱画像线描图 72

图一六　前室西壁横梁画像线描图 73

图一七　前室西壁北立柱画像线描图 74

图一八　前室西壁南立柱画像线描图 74

图一九　前室西壁中立柱画像线描图 74

图二〇　前室北壁上部画像线描图 75

图二一　前室北壁下部画像线描图 76

图二二　前室东壁横梁画像线描图 77

图二三　前室东壁北立柱画像线描图 78

图二四　前室东壁南立柱画像线描图 78

图二五　前室东壁中立柱画像线描图 78

图二六　前室南壁上部画像线描图 79

图二七　前室南壁下部画像线描图 80

图二八　中室西壁横梁画像线描图 81

图二九　中室西壁北立柱画像线描图 82

图三〇　中室西壁南立柱画像线描图 82

图三一　中室西壁中立柱画像线描图 82

图三二　中室北壁横梁画像线描图 83

图三三　中室北壁西立柱画像线描图 84

图三四　中室北壁东立柱画像线描图 84

图三五　中室东壁横梁画像线描图 85

图三六　中室东壁北立柱画像线描图 86

图三七　中室东壁南立柱画像线描图 86

图三八　中室东壁中立柱画像线描图 86

图三九　中室南壁横梁画像线描图 87

图四〇　中室南壁西立柱画像线描图 88

图四一　中室南壁东立柱画像线描图 88

图四二　中室北藻井画像线描图 89

图四三　中室南藻井画像线描图 89

图四四　中室立柱画像展开线描图 90

图四五　后室后壁画像线描图 91

图四六　后室北藻井画像线描图 92

图四七　后室南藻井画像线描图 92

图四八　藻井石画像线图 92

图四九　藻井石画像线图 92

图版目录

图版一　费县刘家疃汉画像石墓 25

图版二　挡土墙及墓门全景 26

图版三　墓门横梁及立柱 27

图版四　前室西壁横梁及立柱 28

图版五　前室北壁 29

图版六　前室东壁横梁及立柱 32

图版七　前室南壁 34

图版八　中室西壁横梁及立柱 37

图版九　中室北壁横梁及立柱 38

图版一〇　中室东壁横梁及立柱 39

图版一一　中室南壁横梁及立柱 40

图版一二　中室藻井 41

图版一三　中室立柱 42

图版一四　后室 43

图版一五　墓门横梁及立柱拓片 45

图版一六　前室西壁横梁及立柱拓片 47

图版一七　前室北壁拓片 49

图版一八　前室东壁横梁及立柱拓片 51

图版一九　前室南壁拓片 53

图版二〇　中室西壁横梁及立柱拓片 55

图版二一　中室北壁横梁及立柱拓片 57

图版二二　中室东壁横梁及立柱拓片 59

图版二三　中室南壁横梁及立柱拓片 61

图版二四　中室藻井拓片 63

图版二五　中室石柱拓片 64

图版二六　后室拓片 65

图版二七　藻井石原石及拓片 67

图版二八　藻井石原石及拓片 68

一　地理环境和发掘经过

费县位于山东省东南部，隶属临沂市，地理坐标为北纬 35°～35°33′，东经 117°36′～118°18′，北依蒙山，与蒙阴县、沂南县相连，南靠抱犊崮，与枣庄市山亭区、兰陵县毗邻，东与临沂兰山区接壤，西与平邑县交界。县域面积 1660 平方公里，境内山川发育，北面蒙山横亘，中有浚河，南接尼山余脉，地貌特征是低山地、丘陵地和倾斜的山前平原相间分布，南北高，中间低，西部高，东部较低，地势自西北向东南倾斜。

费县自古就是人类繁衍生息的理想之地，为东夷文化的重要发祥地之一。春秋时称费邑，成为鲁大夫季友的采邑。鲁元公二年（公元前 427 年），季孙氏据此建立费国，后为楚所灭。汉代时设费县，经济繁盛、人口稠密，2002 年山东省文物考古研究所在费县故城南侧一次性发掘汉代墓葬超过 1500 座，证明了汉代费县的繁荣景象。

刘家疃村位于费县城北 7.6 公里，这里原有三个独立的村落，分别是刘家疃、潘家疃、孙家疃，发现墓葬之初，曾命名为潘家疃汉墓，后来随着村落的扩大，现在三个村庄基本连为一体，称为三疃村。费县申报山东省省级文物保护单位时命名为刘家疃汉画像石墓，报告以此为准。

刘家疃汉画像石墓地处浚河南岸，位于刘家疃村北的高阜地带，西距汉代费

图一　费县刘家疃汉画像石墓位置示意图

县故城 5 公里。地理坐标为北纬 35°19′9″，东经 117°59′37″，海拔高度 110 米，墓葬方向 262°（图一）。1966 年，山东省博物馆派遣毕宝启等前往费县进行了清

1

理工作，但是资料一直未发表。之后进行了原地封存保护（图版一，1），此次我们进行了二次的清理工作，首先去除了墓顶上原来封存的土层，将整个墓室暴露出来。墓顶除前室藻井遭到破坏外，其他部位均保存完好，采用汉墓常见的叠涩法压角内收，上面覆以方形石块封闭而成（图版一，2）。在清理墓顶的同时，我们还进行了墓圹的确定和墓道的寻找工作，发现西面确实存在斜坡形墓道，墓圹为长方形，东西长870、后室部分南北宽413厘米。墓道被现代建筑占压，未进行发掘。

二　墓室结构

费县刘家疃画像石墓除了墓门两侧的挡土墙外，全部使用石材垒砌。主要是本地出产的石灰岩，墓葬地处山前的河谷地带，因此汉代画像石存在的基本条件：石材和深厚埋藏的条件这里均完备。

墓室东西长715、南北宽488厘米，分为前、中、后三室。在中室两侧有耳室，北侧后室有两龛室，共7室。整体布局沿中轴线对称分布，主轴为东西向。墓门向西，方向262°（图二、三）。

墓门外两侧有砖砌挡土墙，高度与墓顶相当，宽度在60厘米左右。立柱三根，形成墓门两个，仅余门扉一，门扉未加工面朝外，显示墓葬的墓门部分可能遭受过扰动（图版二，1、2、3）。

前室是整间，呈横长方形；中室呈方形，被中心立柱分隔为南、北两个开间，两侧分别有耳室；后室呈扁长方形，中间隔墙将其分为南、北两开间。北侧后室壁上有两个龛，后室后壁未与隔墙相连，形成整体的长方形后室壁。

墓门前铺以石板。三立柱立在门槛石上，门槛石长295、宽40、高20厘米。北门柱高120、宽30厘米；中立柱高120、宽28厘米；南门柱高120、宽30厘米。立柱分隔为高125、宽90厘米的两门，门扉仅余南门扉，高122、宽90厘米，粗糙面朝外，未发现门轴和门枢痕迹。门上的横梁石长317、宽50厘米。断裂为两部分，其上还残留有一层门楣石，门楣石厚23厘米。因为被盗掘的缘故，前室上的藻井已经不存，仅余部分叠涩石，形制不明。在墓门的立柱、横梁上均有画像，共计4幅。采用高浮雕技法雕刻而成（图四；图版三，1、2、3、4）。

前室呈横长方形，南北长256、东西宽136、残高235厘米（藻井被破坏）（图五；图版四~七）。地面铺以长方形石板三块，磨制平整。铺地石东西长195、南北宽分别为90、100、116、厚15厘米。前室从地面到门楣（藻井被破坏）残高213厘米，残留承顶石和一层叠涩石。高度与中室相若，高于后室。因为是整间石室，跨度较大，藻井根据残存的叠涩石看，形体较大，推测为一个大藻井的可能性较大。前室后部亦为三立柱一横梁构成的第二道门户，即中室门户。前室前壁即墓门后壁，形制同墓门，在立柱、横梁上有画像4幅（图六）。前室后壁即中室门户，形制与墓门相同，铺地石高20厘米，其上为门槛石，高22、长252厘米。三立柱高120、北立柱宽24、中立柱宽38、南立柱宽18厘米。在立柱、横梁上有画像4幅。北壁高167、宽135厘米，画像2幅。南壁高170、宽135厘米，画像2

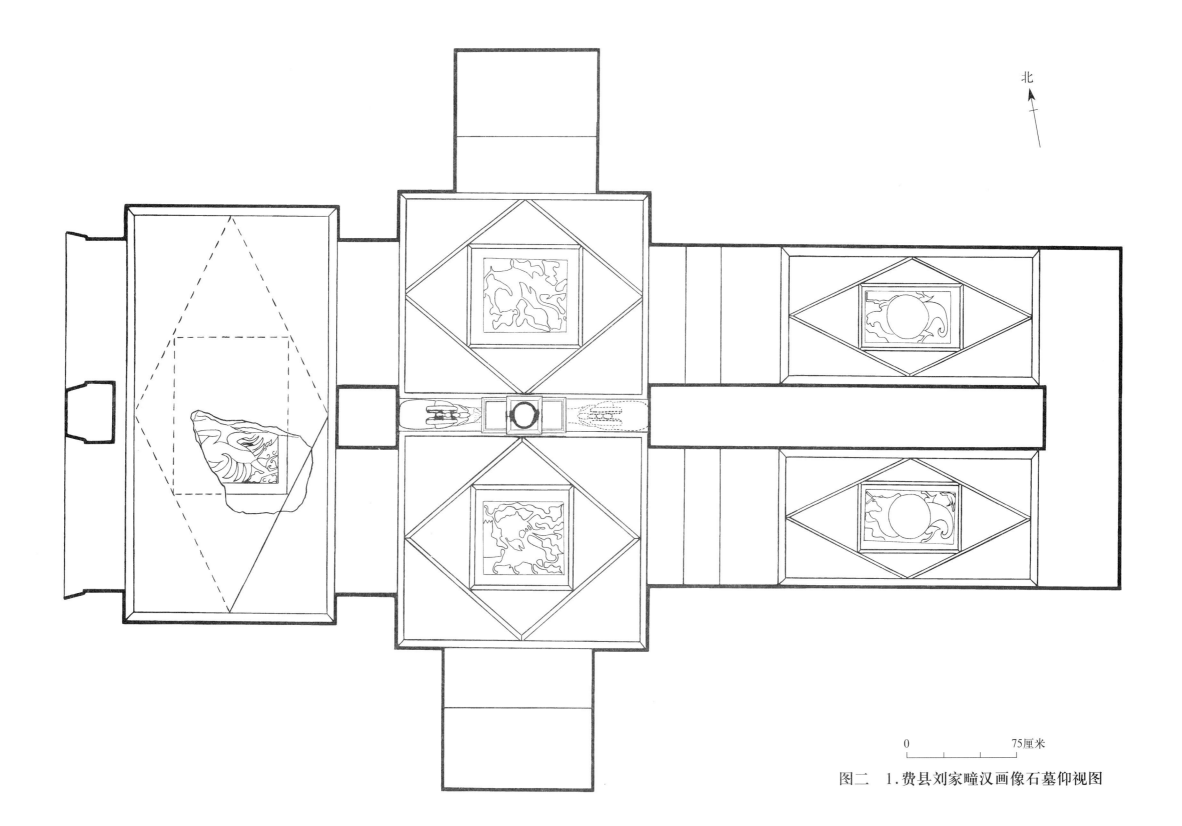

北

0 ⊢—————⊢ 75厘米

图二 1.费县刘家疃汉画像石墓仰视图

北

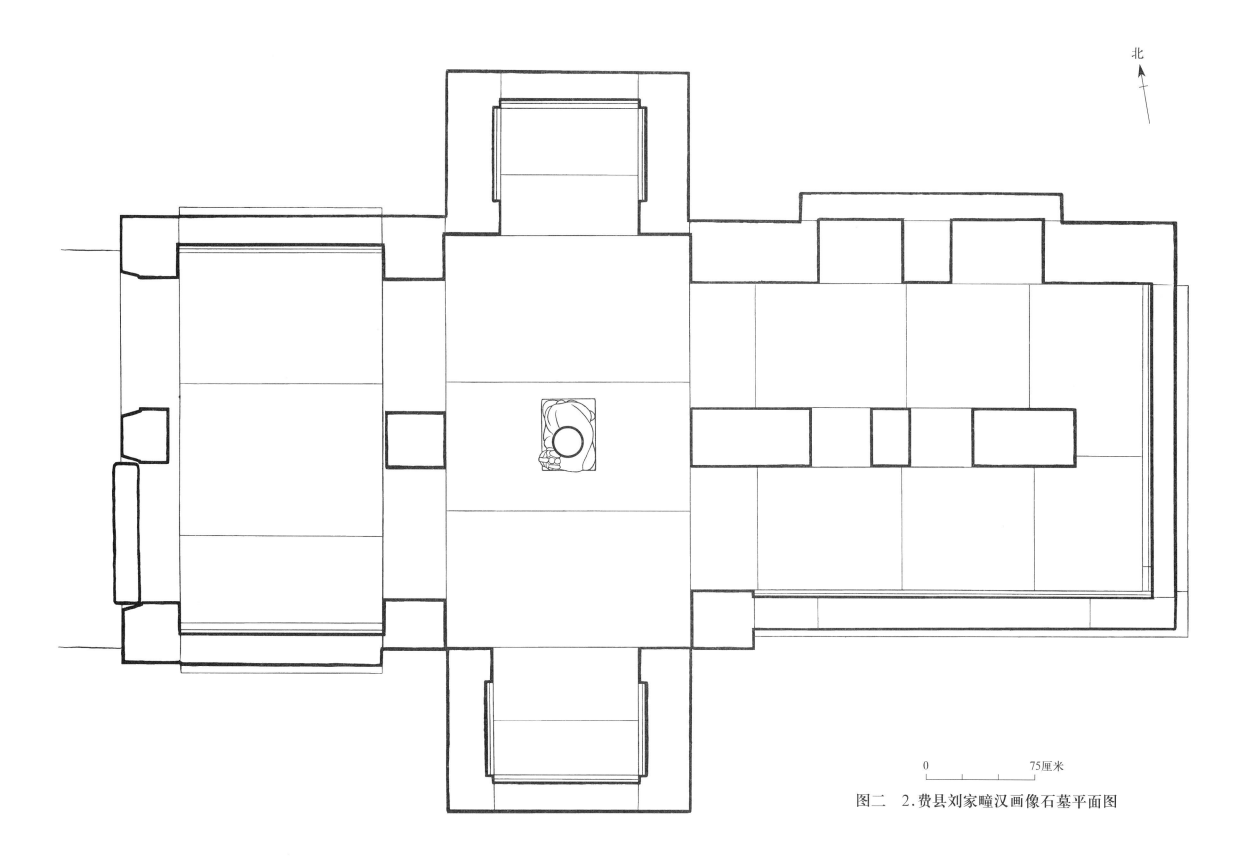

0 —— 75厘米

图二 2.费县刘家疃汉画像石墓平面图

4

0 ├─────┤ 75厘米

图三　费县刘家疃汉画像石墓剖面图

0   45厘米

图四　墓门正面图

北

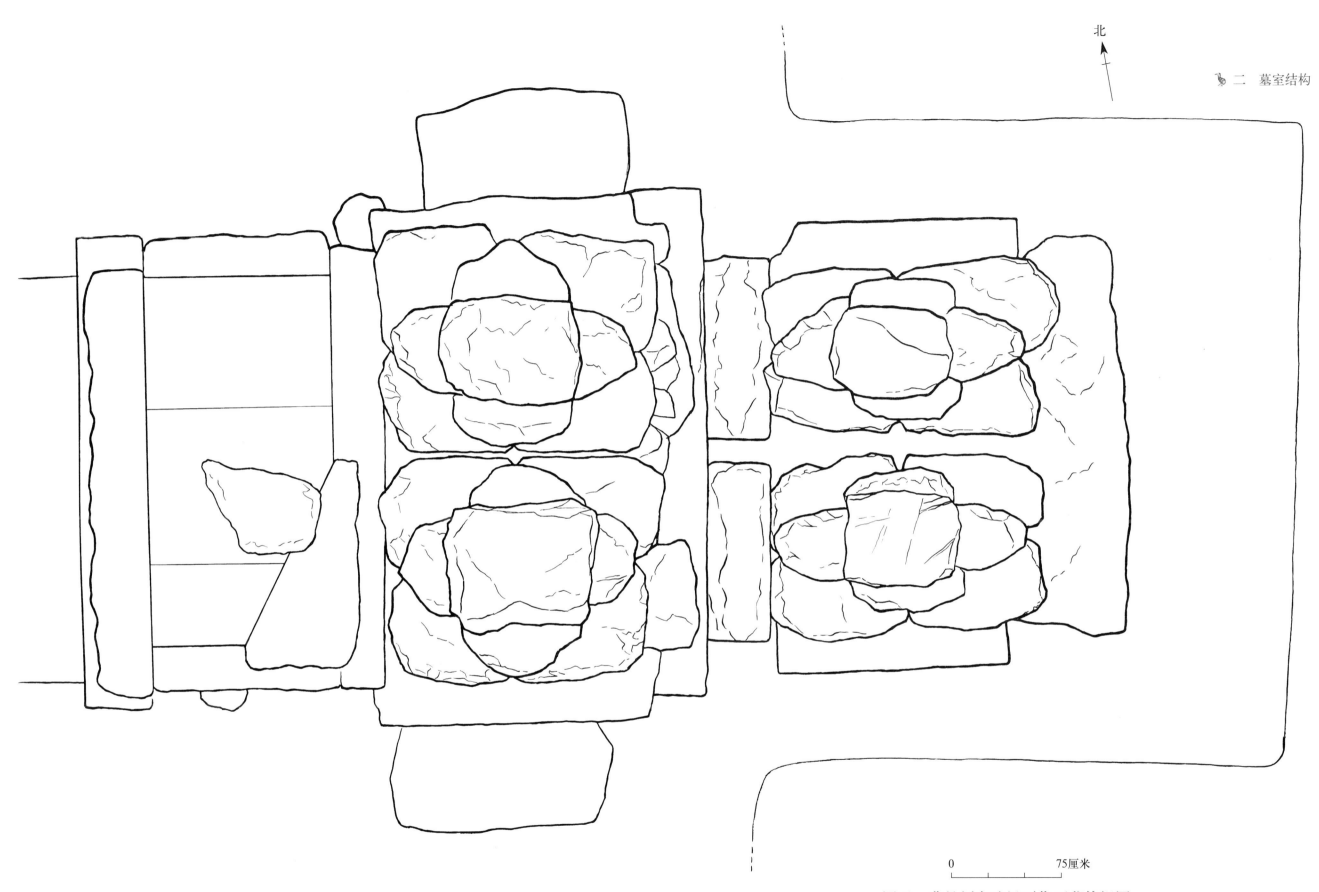

0 ⊢——————⊣ 75厘米

图五 费县刘家疃汉画像石墓俯视图

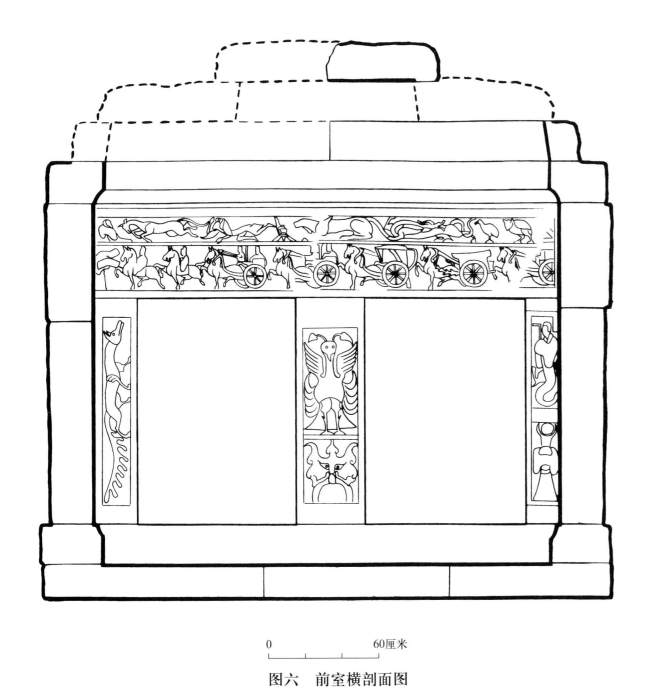

0   60厘米

图六　前室横剖面图

幅。前室共有画像 12 幅。另外，藻顶残石留存不完整画像。其一高 81，宽 46 厘米。其二高 73，宽 67 厘米。采用高浮雕技法雕刻而成。

中室为两开间，南北长 274、东西宽 165、高 255 厘米，面积略大于前室。地面铺以长方形石板 7 块，磨制平整。中室内 3 块，东西长 163、南北宽分别为 90、85、95 厘米，厚 15 厘米。其余四块为耳室内地面石，长 100、宽分别为 50、40 厘米。室中有圆形擎天柱，一斗两升式，在拱的两旁有倒衔的龙首，扩大了承受重量拱的跨度，也富有装饰意味（图七；图版八～一二）。石柱 2006 年时被盗，一龙首被砸碎，万幸的是，石柱已经被公安部门追回，现藏费县博物馆内。现存墓内的龙有独角，有翼，有鳞。中室石柱上的斗拱和龙首均为一块石料雕刻而成。石柱为下粗上细的圆柱形，高 190 厘米，柱础为蹲踞的兽形（图八；图版一三）。藻井因为石柱也分为南北两间，均叠涩而成。北间藻井上口长 75、宽 62 厘米，为动物纹样。南间藻井上口长 67、宽 63 厘米，亦为动物纹样。石壁及横梁上均有抹角承顶石一层，厚 22 厘米，石壁上长 155 ～ 160 厘米，横梁分为两段，各长 125 厘米。叠涩石共三层，朝向墓室的面加工光滑，外面没有进行细加工。盖顶也是雕刻了朝里的花纹一面，其他地方未加工。中室南北两侧有对称的耳室，近方形，长 92、宽 90 厘米，东西壁各向内凹 5 厘米，加工平整，地面高于中室地面，高 24 厘米（图九）。中室前壁即前室后壁，形制相同，在立柱和横梁处有画像 4 幅。中室后壁即后室门户，形制与墓门相同，铺地石高 20 厘米，其上为门槛石，高 22、长 270 厘米。三立柱高 120、北立柱宽 32、中立柱宽 38、南立柱宽 33 厘米（图七）。在立柱、横梁上有画像 4 幅。北壁高 190、宽 160 厘

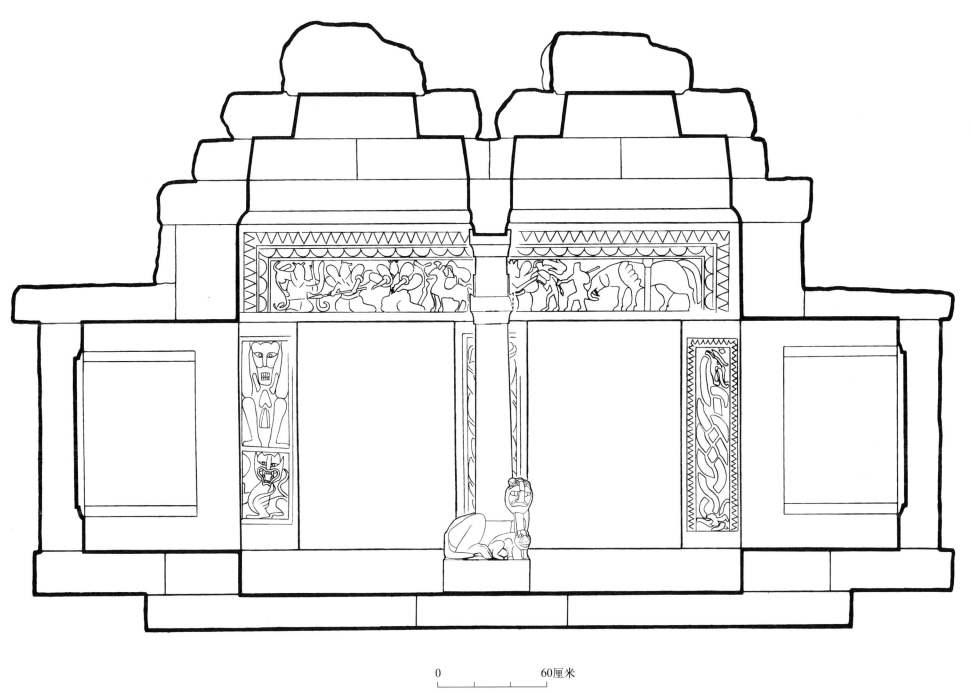

0 —— 60厘米

图七　中室横剖面图

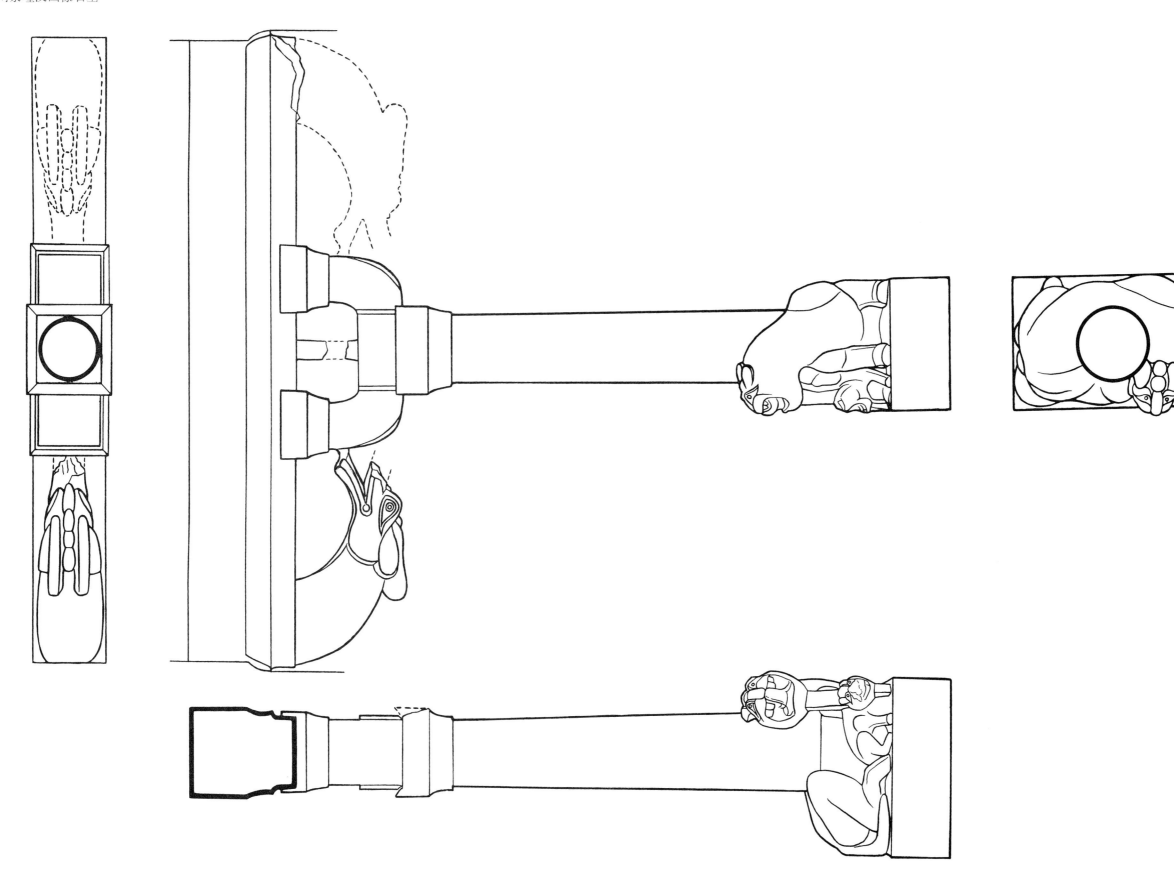

30厘米

0

中室立柱图

图八　中室立柱图

米，因为有耳室，画像布置为立柱和横梁上，画像 3 幅。南壁高 188、宽 155 厘米，形制类同北壁，画像 3 幅。两间中室形成了两处藻井，各有画像一幅。中室共有画像 17 幅。除中间立柱画像采用阴线刻技法，藻井画像采用浅浮雕技法外，其他均采用高浮雕技法雕刻而成。

后室面阔两间。东西长 310、南北宽 205、高 183 厘米。地面铺以长方形石板 8 块，磨制平整。南北宽分别为 95、115 厘米，东西长分别为 45、85、85、100 厘米，厚 15 厘米。后室形状狭长，地面高于前室和中室地面，因此空间狭小，高度为藻井的最高处，其余地方均需弯腰才能通过。中间隔梁有方孔相通，北侧后室有两龛室，东西长 61、南北宽 41、高 40 厘米。龛室地面高度高于后室地面 35 厘米。后室隔梁没有将后室完全隔开，后室后壁相对独立，后壁雕刻画像一幅，两室之间可以从后壁处弯腰通过。后室的藻井建造方法与中室相同，承顶石厚度 20 厘米，石壁上的承顶石长度 160 厘米，横梁上分为两段，各长 80 厘米（图一〇；图版一四）。在采用一面加工平整的三角形叠涩石三层叠涩而成，因为后室狭长，所以藻井亦形成狭长的平行四边形。两个藻井各有画像一幅，藻井画像采用浅浮雕技法。后室画像共计 3 幅。

整座墓占地面积约 40 平方米，共用石材约 120 余块，其中画像石残余 38 块（图一一）。

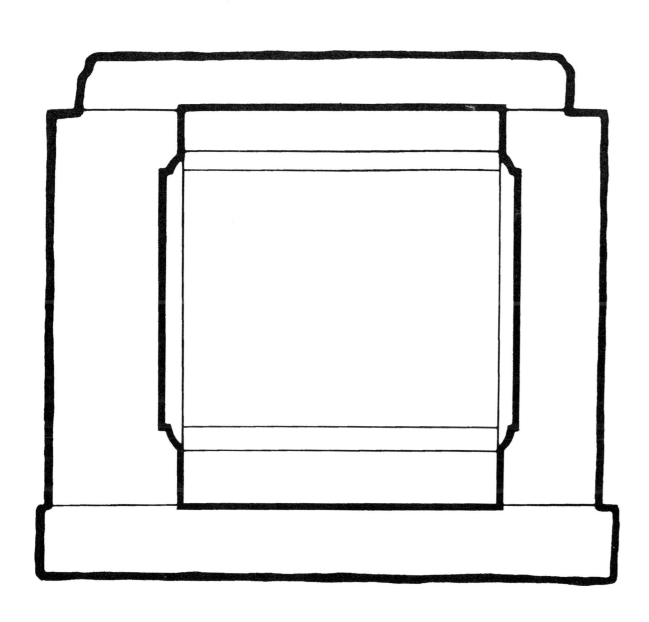

0　　　　　30厘米

图九　耳室剖面图

0   30厘米

图一〇　后室横剖面图

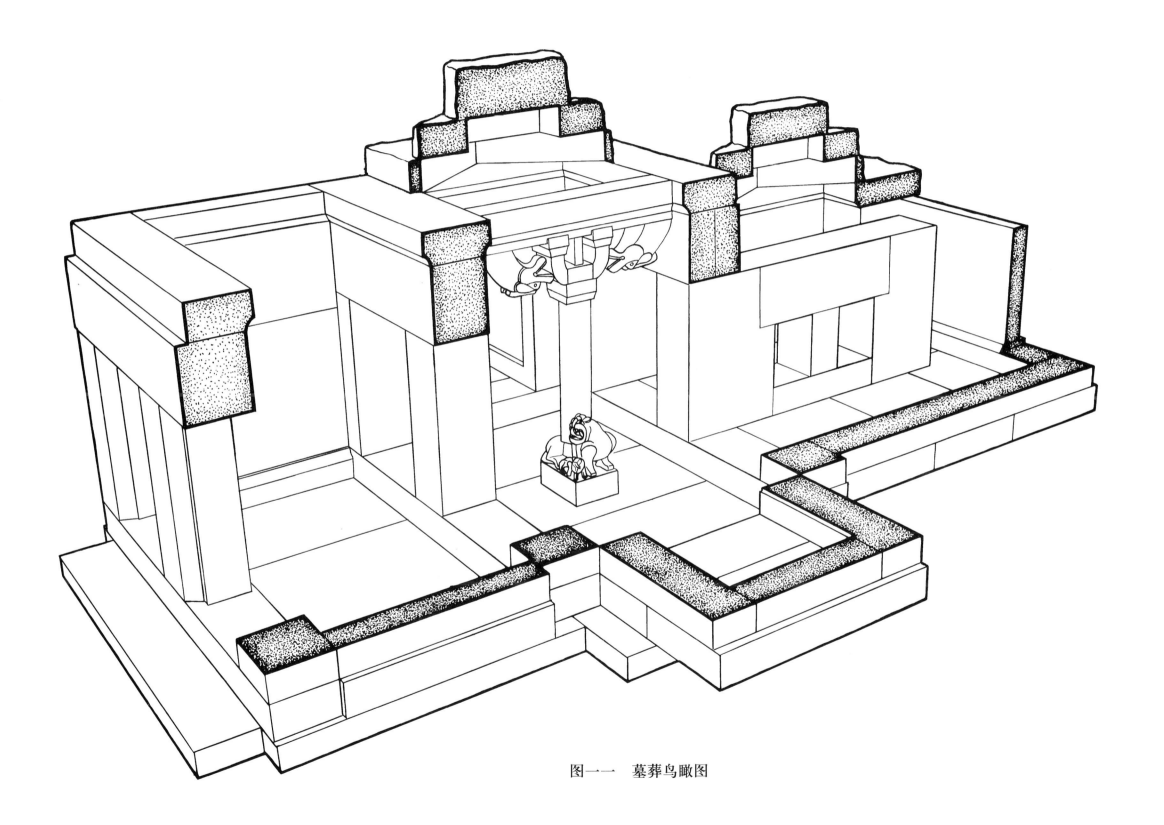

图一一　墓葬鸟瞰图

三 墓室画像分布

全墓画像石共计 38 块，主要分布在前室、中室和后室。为叙述方便，将画像按照从内到外、从上到下的顺序进行了编号，共计 38 幅画像。按照画像位置分述如下：

（一）墓门

门画像分布在横梁和三立柱上。

第 1 幅：墓门横梁画像。画面尺寸长 248、宽 37 厘米。横梁断为两截，导致画面中间略有缺损。画面为车马出行画像：前有一人捧盾躬身相迎，导骑二，两马驾斧车一，从骑二，骊马安车一，又从骑二，后一人持笏躬身相送（图一二；图版一五，1）。

画面上、左、右三面饰有连弧纹。

第 2 幅：墓门北侧立柱画像。画面尺寸高 100、宽 20 厘米。分上、下两格。上格内刻鸡首人身像，尖喙高冠，身着长袍，袍袖肥大，腰束带。下格内刻胡人像。头戴尖帽，身着短袍，右衽，腿裸露，赤脚，左手上举，脚下有半圆形突起物（图一三；图版一五，2）。

第 3 幅：墓门南侧立柱画像。画面尺寸高 98、宽 20 厘米。为向上飞升的翼龙像。口张露齿，有角，四足，有翼，长尾，身上有半圆形鳞片（图一四；图版一五，3）。

第 4 幅：墓门中间立柱画像。画面尺寸高 97、宽 19 厘米。分上、下两格。上格内刻正面捧盾门吏像。门吏头戴笼冠，胡须上扬，身着宽袖袍，腰束带，双手捧盾。下格内刻侧身拥彗门吏像。头戴平上帻，身着长袍，手持彗（图一五；图版一五，4）。

（二）前室

前室画像分布在东、西横梁、立柱及南北两壁和藻顶残石。

第 5 幅：前室西壁横梁画像，即墓门横梁背面画像，中断，画面有缺损。画面尺寸长 231、宽 41 厘米。为狩猎图。画面中间有突起的山丘，左侧为牛车，车前一人持刀扛笮，车上 3 人，装载笮 6，车后 5 人，均扛笮，犬 2 只相随。右侧两胡人，一人肩扛猎物，一人张弓欲射。其前有山峦、树木之形，山中有虎、鹿等动物，一人持笮捕猎，其上有一鸟一野猪；一人扛笮疾行，脚下一犬伴随。

边框上、左、右三面内圈饰连弧纹，外圈饰锯齿纹（图一六；图版一六，1）。

第 6 幅：前室西壁北侧立柱画像。画面尺寸高 100、宽 15 厘米。分上、下两格。上格画像为虎首人身裸体像，有翼，双手上举呈交叉形。其下为胡人像。尖帽短袍，作行走状，仰头向上看。下格为站立的凤鸟，有羽形冠（图一七；图版一六，2）。

第 7 幅：前室西壁南侧立柱画像。画面尺寸高 93、宽 14 厘米。翼龙像，与墓门立柱外侧翼龙相同。口张开，四足匍匐，作飞升状，有角，长尾（图一八；图版一六，3）。

第8幅：前室西壁中间立柱画像。画面尺寸高97、宽27厘米。分上、下两格。上格为熊首人身像，嘴大张，牙齿外露，裸体无翼，双手上举，呈蹲踞负重状。下格为翼虎半身侧面像，獠牙外露，有翼，前左足抓地，右足作势欲扑，凶猛可怖（图一九；图版一六，4）。

第9幅：前室北壁上部画像。画面尺寸长124、宽59厘米。画面分为左、右两部分：左边中间一人戴笠持耒，身穿长袍，袍袖飞扬，袍角亦上扬，小臂裸露，双手扶耒，扭头与右侧之人交谈；右侧之人亦着袍，抄手恭立，头上梳小圆髻，髻上固定有力士冠，冠旁还有一环形装饰；左侧之人服饰与中间之人相同，头饰与右侧之人基本相同，唯环形饰有左右对称的两个。小臂裸露，两手相握，面向中间之人站立。在中间和左侧之人上部之间有榜题，惜漫漶难辨；右侧之人头部后方亦有榜题，亦难辨认。右边两人相向而立，着袍广袖，头饰亦为力士冠，左侧之人为单环，右侧之人为双环。均佩剑，剑首向下，右侧之人手持简册，简册呈展开形，其上编绳隐约可见（图二〇；图版一七，1）。

第10幅：前室北壁下部画像。画面尺寸长125、宽96厘米。整幅为一座楼阁画像。楼阁共三层，楼顶中间为两胡人相拥状，一手上扬。左、右分别站立胡人一，弓步而立，持弓欲射状，其上有凤鸟一立于檐上，另一只作飞翔状，两鸟喙相接。楼阁采用散点透视法绘制，楼内可以看到主人安坐中间，头戴软帽，两侧各有一胡人侍立，左侧胡人左手背后，右手上扬，作舞蹈之形。楼栏两层，两

侧楼栏后还可看到各有三胡人侍立，接近中间立柱的胡人作回首说话状。楼栏外各有一胡人坐地，左侧胡人蜷腿倚柱，右侧胡人跪地，手扶地，脸面向外侧立柱（图二一；图版一七，2）。

第11幅：前室东壁横梁画像。画面尺寸长240、宽42厘米。分上、下两格：上格为瑞鸟、兽图，从左至右分别为熊首鸟身图、单足鸟、翼龙、翼虎、兔首人身翼兽、独角羊、胡人。下格为车马出行图。五辆车，其中轺车二、辎车二、辇车一，从左向右行进，前有二导骑，最前方有一人捧盾相迎（图二二；图版一八，1）。

第12幅：前室东壁北立柱画像。画面尺寸高98、宽15厘米。九尾狐画像。四足做行走状，长尾上有9个凸起，代表9条尾巴（图二三；图版一八，2）。

第13幅：前室东壁南立柱画像。画面尺寸高103、宽14厘米。分上、下两格。上格为人面蛇身人物，戴笼冠着袍，手持矩。下身有两足。面向北，头部后方有榜题。下格为一牛首人身人物，头上双角内有圆形太阳，内有鸟，双手抱月，月中有蟾蜍。腰束袍带。上下格之间分隔线稍宽，其上有题记（图二四；图版一八，3）。

第14幅：前室东壁中立柱画像。画面尺寸高92、宽29厘米。分上、下两格。上格为正面凤鸟画像，翼、尾张开，羽毛清晰可见，头上有两羽冠。下格为铺首衔环（图二五；图版一八，4）。

第15幅：前室南壁上部画像。画面尺寸长127、宽44厘米。画面中有立柱，中心两人物作持剑搏斗状。二人均戴力士高冠，左侧之人袍袖飞扬，袍角亦上扬。小臂裸露，双手握剑，剑尚未出鞘，作用力摆脱状；右侧之人冠、袍与左侧之人相同，右手握住左侧之人的剑鞘，左手举出鞘之剑，作势欲刺，场面气氛紧张。左侧之

人身后有两人拱手侍立，皆头戴冠，长袍，袍袖宽大。右侧之人身后亦有一人侍立，冠饰与左侧侍者相同，手上捧长方形物体，身后有向上曲折的尾状物。

中间两人后部上方均有榜题，左侧两人中间上部有榜题，右侧之人后部上方有榜题，惜字迹漫漶，难以辨认（图二六；图版一九，1）。

第16幅：前室南壁下部画像。画面尺寸长126、宽101厘米。楼阁图。画像中主体为两座楼阁，中间有廊道连接。楼上中间为两羽人，正在饲养两只桃形冠、长尾、双翼张扬的凤鸟。两座楼阁顶上还各有一只猿猱，左侧楼阁第一层顶部还有一只凤鸟。右侧楼阁三层，一楼设两个门户，门户半掩，各有一侍女倚门张望。左侧楼阁亦为3层，一楼楼栏两层，内有人物五个，左侧第二人拥彗，其余四人皆着袍拱手侍立，拥彗者面向西，右侧三人中间者面向左，似与旁边之人私语。两楼阁之间有一只犬蹲坐，前有盆形容器（图二七；图版一九，2）。

前室两墓门，缺失，其中一块长方形石板塞于南门内，两面均素面，亦无门枢，应为后加。在填土中发现了碎裂的铺首衔环门扉，惜碎裂无法复原。前室藻顶在墓葬被盗时亦被破坏，藻顶石离开了原位，有些藻顶石被砸碎，从结构看，其藻顶石较大，亦为两层藻顶石，形成一个藻顶。

（三）中室

中室画像主要分布于横梁和立柱，藻井亦保存完好。中室中间有圆形立柱，有双龙头过梁，透雕龙头未计算在画像内。

第17幅：中室西壁上横梁画像。画面尺寸长254、宽43厘米。宴飨图。画面从左至右分别为：侍从一，面向墓主站立，手持扇。二侍女，其一坐矮榻上，均面向墓主。墓主人正面抄手端坐，头戴冠，坐于帷帐之中。墓主右侧乐女五，其中二人持桴击鼓，鼓八，侍从一，其后有盘一，盘中置酒樽一，耳杯二。其右一人着虎皮，四肢夸张，作杂技跳丸之形。其右一人面向跳丸者，头戴笼冠，双手作拊掌状。中间为建鼓，羊形座，左侧一人手持鼓槌，作敲击状；右侧有四人，一人面向北，吹埙，两人面向南，持便面，一人正面，吹排箫。

边饰两层，内为连弧纹，外为锯齿纹。底边无边饰（图二八；图版二〇，1）。

第18幅：中室西壁北立柱画像。画面尺寸高98、宽22厘米。翼虎图。口大张，四足蜷曲，身体以细线勾勒出五官及斑纹，双翼，长尾绕于后腿间（图二九；图版二〇，2）。

第19幅：中室西壁南立柱画像。画面尺寸高104、宽23厘米。分上、下两格。上格为捧盾的侍者。正面，头戴笼冠，长胡须向两侧上扬。着袍，腰束带。下格为拥彗侍者。面向北，头戴帻，双手持彗。上下格之间饰以锯齿和连弧纹（图三〇；图版二〇，3）。

第20幅：中室西壁中立柱画像。画面尺寸高101、宽32厘米。分上、下两格。上格为凤鸟画像。凤鸟面向南，头有冠，双翼舒张，长尾穿过中间的界格与龙足相接。左足站立，右足向前抬起。细线勾勒眼睛和羽毛等。下格为翼龙，身体腾空向上，头回转向下，有双角，口张开，牙齿外露。身上鳞片清晰规则，长尾。画像下端有四个半圆形物体（图三一；图版二〇，4）。

四边饰锯齿纹。

第21幅：中室北壁横梁画像。画面尺寸长126、宽40厘米。小车和云车出行图。车子向西行进，为双辕两轮小车，前一人拉车，头上有公鸡，右手持便面，辕上有单足鸟，一人戴冠长袍，坐于车上，其后有榜题。后为云车，三龙拉车，车轮为卷云形，车上有御者一，以绳索驭龙，后有乘者一。有榜题，漫漶不辨。车后一龙跟随（图三二；图版二一，1）。

第22幅：中室北壁西立柱画像。画面尺寸高100、宽30厘米。翼龙图。龙身作向上升腾状，龙首弯曲向下，双角，口大张，牙齿裸露，长尾缠绕在后足上（图三三；图版二一，2）。

第23幅：中室北壁东立柱画像。画面尺寸高95.5、宽27厘米。力士图。两力士上下分布，戴包头巾，上身赤裸，下身着虎皮裙，上面的力士站立，面向上，身体朝西，下面的作蹲踞状，朝东，其前有一只单足鸟（图三四；图版二一，3）。

第24幅：中室东壁横梁画像。画面尺寸长260、宽41厘米。画面中部和左侧有立柱各一，左侧立柱后有大象一，长鼻，有长牙，向下。右侧三人，中间着虎皮者被执，被右侧武士左手揪住头发，头发散乱，右手持刀欲砍状，左侧人右手抓中间人的左臂，左手持棒上扬。中间人头顶有一飞鸟。中间立柱右侧，近柱处立有一兽，略大于羊，小于马，小耳，长尾，头上有突出的肉髻形冠。其背上一单足鸟站立。兽向北站立，其前有一棵树。右侧亦为三人，均为武士，左侧二人袍袖飞扬，裸露双臂，一人双臂张开，一人手持长矛以刺，最右侧之人双臂上各缠绕一蛇，双手抓住一蛇，与左侧之人作搏斗状。边饰内圈为连弧纹，外圈为

锯齿纹。底边无边饰（图三五；图版二二，1）。

第25幅：中室东壁北立柱画像。画面尺寸高97、宽30厘米。分为上、下两格。上格为熊首人身力士像，下格为翼虎图（图三六；图版二二，2）。

第26幅：中室东壁南立柱画像。画面尺寸高100、宽27厘米。交龙图。缠绕纠结，龙首各在一端（图三七；图版二二，3）。

第27幅：中室东壁中立柱画像。画面尺寸高101、宽32厘米。双结龙。共有龙4条，缠绕纠结，龙首向上（图三八；图版二二，4）。

第28幅：中室南壁横梁画像。画面尺寸长140、宽41厘米。分为上、下两栏。上栏左侧为交颈凤鸟，另有朱雀一。右侧为翼龙、翼虎。下栏为乐舞人物图，共13位人物。左侧一组为乐舞图，乐器有瑟等，中部有墓主正面端坐像，两侧为侍从，有持便面者，有拱手谒见者（图三九；图版二三，1）。

第29幅：中室南壁西立柱画像。画面尺寸高100、宽26厘米。东王公坐在连枝鹿座上，树间有鹿，连枝上分别有单足鸟一只（图四〇；图版二三，2）。

第30幅：中室南壁东立柱画像。画面尺寸高95、宽28厘米。分为上、下两格。上格为熊首人身力士像，下格为鸱鸮（图四一；图版二三，3）。

第31幅：中室北藻井。长54、宽42厘米。翼虎像（图四二；图版二四，1）。

第32幅：中室南藻井。长51、宽42厘米。翼龙像（图四三；图版二四，2）。

第33幅：中室立柱。柱子为圆形，呈现出下粗上细的样式，顶部为方形栌斗，底座为蹲虎形，蹲伏状，其下还蹲伏同样的一个小兽。圆柱上以阴线刻画像，共分18层。从下至上分别为：①连环垂三角纹。②五铢钱纹，11个。③瑞草纹。

④连弧纹。⑤连环垂三角纹。⑥瑞草纹。⑦连环垂三角纹。⑧连弧纹。⑨三角纹内饰连环。⑩一面为瑞草纹，一面为菱形纹，内饰柿蒂纹。⑪连弧纹。⑫一面为菱形纹，另一面依次为仙人驭凤、麒麟纹、鹿纹、朱雀纹、辟邪。⑬同⑨。⑭瑞兽图，分别为绶带凤鸟／凤鸟／凤鸟／人身翼兽／鹿／犬／龙／鸟／虎。⑮瑞草纹。⑯同⑨，方向相反。⑰分别为二仙人对语／仙人／鸟／龙／仙人／鹿／仙人。⑱同⑯。⑤至⑧层间，有正面女像一，头戴花冠，其右侧为侍女，持便面（图四四；图版二五）。

（四）后室

第34幅：后室后壁画像。长190、宽82厘米。祥瑞图。共有虎五只，中间一只形体较大，口啮鹿一只，右侧翼虎亦啮鹿，另一翼虎啮蛇，龙一条回身衔尾。羽人一人（图四五；图版二六，1）。

第35幅：后室北藻井画像。长47、宽29厘米。女娲持规，在月亮之中（图四六；图版二六，2）。

第36幅：后室南藻井画像。长56、宽29厘米。伏羲持矩，在太阳之中（图四七；图版二六，3）。

除上述墓门、前室、中室、后室画像，在墓葬填土清理过程中，发现碎裂的石块，经拼合复原，判断可能为墓葬被盗时破坏的前室藻顶石。

第37幅：藻顶石。残长81、宽24厘米。兽身四足，胁间生三翼，脚踏卷云，惜头部缺失（图四八；图版二七）。

第38幅：藻顶石。残长73、宽67厘米。瑞兽口衔祥云（图四九；图版二八）。

四　画像内容考证

费县刘家疃画像石墓无论是从画像内容、题材以及雕刻技法上看，都是临沂风格画像石的代表作之一，其中的画像数量虽然不多，但是从画像的精美程度、墓葬的完整性上看，费县刘家疃画像石墓在汉代画像石墓中占据重要地位，另外，费县刘家疃画像石墓的画像内容与沂南汉墓存在较大差异，而与苍山晒米城发现的城前村画像石墓画像内容多有相近之处。

从整体上看，费县刘家疃画像石墓的画像神仙瑞兽所占比重较大，历史故事和生活类题材的画像篇幅较少。除前室藻顶因破坏画像不存外，现存画像36幅，分别位于墓门和前、中、后三室内。

墓门4幅。主题画像是横梁上的车马出行图。前有斧车一，后有驷马安车一，车前、中、后均有2骑护卫。车队的前方和后方分别有捧盾迎宾者和捧笏躬身相送者。车马出行图在苍山汉墓中也有发现，墓中石柱上的题记记载：堂砌外，君出游，车马导从骑吏留，都督在前后贼曹。[1]费县刘家疃画像石墓墓门画像中车

---

[1]　此题记释读依据杨爱国《山东苍山县城前村画像石墓二题》，《华夏考古》2004年第1期中的释文。

马从南向北行进，前有斧车，应为贼曹车，驷马安车为主车，表现的应该也是君出游的场景。

第2幅：墓门北立柱画像中，其上格为鸡首人身像。这种形象在山东、江苏、陕西、山西等地的画像石上均有发现。其来源根据《山海经·西山经》的记载："又西北三百五十里，曰玉山，是西王母所居也。西王母其状如人，豹尾虎齿而善啸，蓬发戴胜，是司天之厉及五残。有兽焉，其状如犬而豹文，其角如牛，其名曰狡，其音如吠犬，见则其国大穰。有鸟焉，其状如翟而赤，名曰胜遇，是食鱼，其音如录，见则其国大水。"可知西王母身边有牛首和鸡首神鸟兽者，分别称为"狡"和"胜遇"，这种文献记载与画像的对应虽然比较可靠，但是文献记载中并未提及"人身"的样式，因此其名字尚存疑。在实际的考古发现画像石上，这种神兽形象经常出现在西王母身旁，应该与九尾狐和玉兔的身份相同，是西王母身边的神兽。在滕州汉画中，还可见到二者陪伴在东王公身边的画像[1]，而且有些画像中还可以见到马首人身的神，这充分说明，其身份和地位应为神仙附属的神兽类。

第6幅：前室西壁北立柱画像，上格为虎首人身像。《山海经·大荒北经》记载："大荒之中，有山名曰北极天柜，海水北注焉。有神，九首人面鸟身，名曰九凤。又有神衔蛇操蛇，其状虎首人身，四蹄长肘，名曰强良。"画像中神兽双手上举，似有抓握物，但是物象轮廓模糊，比较难以判断，其名字尚存疑。第2幅和第6幅虽然编号相隔，其实就是墓门北立柱的西、东两面的画像。鸡首人身和虎首人身根据《山海经》记载，本来就是西王母身边的神仙，墓葬如此布置，是否也是

[1] 参见山东博物馆藏滕州画像石。

暗合这种记载？

前室内画像12幅，画像主题与前室的功能有关。在苍山城前村发现的汉墓题记中，明确就将前室命名为"堂"，因此前室中画像除升仙画像外，还有历史故事画像居于重要位置，体现出汉代画像"教化人伦"的功能。

第9幅：前室北壁上部画像。前室东、西壁为横梁加立柱式结构，北、南壁为上、下两块石材垒砌，上部呈扁长方形，下部为近正方形。画像内容上部为历史故事类，下部则为楼阁图。北壁上部画像中，共有人物5个，其中左侧3人为一组，右侧2人为一组。边框以直线为界，物象略低，无边饰。左侧3人中，中间人和右侧人有方形榜题，右侧2人亦有榜题，但是榜题漫漶，难以辨认。左侧3人中，中间人物衣着和手持耒与汉画中常见的大禹形象接近，头戴笠，双手扶耒，服饰为袍袖飞扬、衣角上扬的特殊式样。其左邻人物服饰与其相同，唯头上戴山形冠，冠侧还有对称的弯转半环形装饰。其右侧人物身着右衽袍，冠饰与其左侧人物类同。根据《尚书·益稷》："予创若时，娶于涂山，辛壬癸甲，启呱呱而泣，予弗子，惟荒度土功。"《楚辞·天问》："禹之力献功，降省下土四方。焉得彼涂山女，而通之于台桑？"中所载，大禹妻子为涂山氏，未有其他妻子的记载。但是在民间传说中，涂山氏之后，大禹另有妻子，相传为涂山氏之妹，此幅画像大禹两侧均为妇人装束，与传说相关也有可能性。画像右侧2人，相向而立，身着右衽长袍，腰佩剑，发饰与左侧大禹两侧的人物相同。其中一人手持打开的简册，表示竹简编绳的细线清晰可见，简册在纸未出现之前常见，汉画中也常见，代表记录经典的书籍或记录日常的簿册，山东济宁还发现过抱子石俑，手持象征生死簿的简册，

从 2 人均佩剑来看，表现的是士大夫的形象，其所持简册以儒家经典书籍的可能性较大，代表着一人向另一人请教的情形，类似格套在汉画中只有孔子见老子画像与之相近，人物有榜题，手持竹简人物后榜题上有字"此老子也"，其他榜题难以辨认，以此来判定为孔子见老子尚有难度，只能是推断。此画像之奇异处在冠饰，这种冠饰在这座墓葬的其他画像上没有见到。尤其奇特的是，除大禹形象外，其余 4 人冠饰一致，而在画像解读中，这 4 人性别不同，冠饰一致令人费解。

第 15 幅：前室南壁上部画像。亦为历史人物画像，其构图与汉画像石中常见的荆轲刺秦王相类似，画像中共 5 人，左侧三人向右，右侧二人向左，中有立柱，居中两人袍袖飞扬，均手持长剑，左侧人物剑尚在鞘中，剑端被右侧人手握住，右侧人持剑上扬，作欲刺状。左侧人后的榜题中"秦王"二字可辨，其余辨识困难，右侧人后榜题上有"周公□成王□千面悒己也"字样，其余亦难辨认。右侧人物后另有一人，手持物，后有长尾，榜题为"此悒己也"，应为妲己形象。左侧人物后有两人，均作拱手侍立状，应为秦王随从。无论从构图还是细节，如柱子、人物布置以及秦王剑在鞘中，惶惶然无法拔出的细节都说明了应该为宣传忠孝节义的历史故事——荆轲刺秦王，至于其中存在的很多问题，包括榜题不符，人物衣冠与身份不符，荆轲所持为短匕，并非长剑等等与标准画像尚存在很多差异，目前解释为工匠所传画稿久远造成模糊或者故事失真，地域差异造成图文对应不严格等等，当然这种解释是暂时的，随着临沂画像石的不断发现和研究，相信未来会对这一现象做出更为科学的解释。

第 10 幅前室北壁下部画像和第 16 幅前室南壁下部画像均为楼阁图。其中第 10 幅为六角形楼阁画像，在汉画中非常罕见。汉画中的建筑常见楼阁、庭院、水榭、仓、阙等，楼阁中以双层楼阁为多见，墓主人端坐下层，二楼多为女性。前室所见楼阁画像中，北壁下正面端坐的应该为墓主人，头戴笠，形制与大禹所戴相近似，两侧侍立仆从全部为胡奴，上层楼阁无窗，看不到人物形象。楼阁上有胡奴射雀（爵）图，象征着墓主人美好的愿望。南壁下部画像为两座相连的三层楼阁，均为四边形，右侧楼阁内应为女性墓主人所在，未见正面画像，仅见妇人启门图，左侧楼阁内有仆从画像，均为中原装扮，有女性。楼阁上为仙人饲凤图，其内容也与女性暗合。楼阁分别为六角和四角楼阁，也暗含中国传统文化中四和六分别是阴阳对应的数字。

第 11 幅：前室东壁横梁画像。画面分为上、下两格。下格为车马出行图，出行图在墓门和前室各出现一次，结合画像分析，墓门画像中主车仅 1 辆，前有斧车，应为男性墓主人车马，这里主车之后，还有辎车，应为女性墓主人的车马。上格为祥瑞，分别为羊、鹿、龙、虎、鸱鸮和单足鸟。《山海经·西山经》："有鸟焉，其状如鹤，一足，赤文青质而白喙，名曰毕方，其鸣自叫也，见则其邑有讹火。"由此可知单足鸟为毕方，主管火，或为太阳神，主白天。鸱鸮为夜神，主管夜晚。

第 13 幅：前室东壁南立柱画像。分为上下两格：上格为持矩的伏羲像，头戴笼冠，人身蛇尾，上身着袍，蛇尾有鳞片。有两臂、两足。其后有榜题。下格为牛首人身像，头角顶太阳，怀抱月亮，应为炎帝像。中间有文字榜题。

中室画像 17 幅。包括立柱画像。

第 24 幅：中室东壁横梁画像。画面被中间立柱隔为左右两幅：左幅有柱，有长翼的大象，其前为两人共同执缚一人，左侧人左手持棒，右手握住中间人左臂，右侧人袍袖张扬，右手持环首刀，左手抓住中间人长发，作欲割状，中间人为男性，短上衣，下身赤裸，生殖器可见，表现的应为"髡"奴的情形。汉代人蓄长发，诸城前凉台汉墓画像中有内容完整的"髡"奴画像，表现的就是东汉时期髡发为奴的情景。右侧画像有三人物、一动物和一只毕方鸟。人物皆作武士装束，袍袖飞扬，右侧之人身上缠绕蛇，双手握蛇，中间人持戟刺蛇，左侧人双手前伸，作协助状。操蛇之神在战国楚地非常流行，吴荣曾认为东汉时期的操蛇已经失去了神的意义，成为单纯的操蛇或戏蛇了。因此，整幅画像的主题就是戏蛇和服象，均为东汉时期的表演活动。一动物长相奇特，身体似马而略瘦，头颈上有鬃毛，身上有带状斑纹，头上有独角，长尾，马足，应为传说中的麒麟形象。

第29幅：中室南壁西立柱画像。画面为三层连枝山字形座，从下到上依次为:盘绕山上的鹿2、第一层山顶和第二层山顶均为两只毕方鸟，第一层相背而立，第二层相向而立，第三层也是最高层上一人端坐，头戴帻，双立耳，有胡须，胁下生翅，应为西王母的形象。

第33幅：中室立柱画像。画像中最重要的人物画像在⑤至⑧层之间，左侧为端坐在矮榻上的正面女像，右侧有持便面的女侍。正面女像坐在山字形矮榻上，头戴花冠，双立耳，面净无须，身穿宽袖大袍，腰间束丝带，右侧打结成环，作女性装扮，应为女性墓主形象。

综上所述，费县刘家疃汉画像石墓内画像的布置既符合汉代画像石墓的布置规律，又有自己的特殊之处。在画像的整体布置上，无论是墓门上的车马出行，前室作为"厅堂"的功能布置的历史故事还是中室的升仙人物画像都符合汉代画像的布置方法，但是在细节方面，刘家疃汉画像石墓作为临沂画像石墓的代表作之一，也表现出了临沂汉画像石的地域特征，比如历史故事画像的细节变异、榜题不对应等特点，西王母、东王公也没有按照传统的东西方位进行安排，甚至作为汉代最高神的西王母被安排在立柱上，未发现玉兔捣药等画像内容等等，表现了汉画像石经过一段距离和一段时间的传播后，工匠的画稿变动、不受中心区严格布置方位的制约等，产生了临沂画像石的一些特点。另外，费县作为汉画中心区向临沂传播的重要通道和节点，它还具有自己的特点，其中的一些特点与苍山发现的画像石墓类似，首先是墓葬形制的独特。突出的一点就是后室中间隔墙的分离，使得后室后壁形成了完整的画面。这样的形制很容易让我们联想到石椁墓在东汉形成前堂时后室隔墙的形制，其来源是否来自滕州石椁墓样式还需要进一步关注。其次是画像中出现了自己的独特内容。主要有楼阁样式、祥禽瑞兽。画像中的六角形、四角形楼阁都是汉画中少见的，尤其是六角形更是仅见。祥禽瑞兽中单足鸟大量出现也是该墓画像的特点，此前发现较少。单足鸟画像集中出现在东王公所在的山上，寓意着其身份并不是普通的鸟，这样的推测在另一幅画像中得到确认，在祥瑞图的麒麟背上也站立着一只单足鸟，这又证明单足鸟与麒麟、大象一样，象征着西方的世界。

五　结　语

费县刘家疃汉画像石墓早年经过发掘，但是因为年代久远，人事变更，发掘资料已经难以寻觅，从其被盗情况分析，即使这些资料留存至今，恐怕也只有残陶器、钱币之类，但是缺少随葬品还是对今天年代的释读造成了不利的影响。

（一）墓葬年代

在随葬品缺失的前提下，只能从墓葬形制和画像风格入手确定墓葬年代。首先要进行确认的是墓葬形制是否发生改变，即未经后代改建、利用的情况，在费县博物馆协助下，编写组组织人手，将整座墓葬的边圹和顶部暴露出来，在发掘过程中，前室填土中发现了大量破碎的石块，也有部分画像石的残块，在将墓顶全部暴露后，发现前室藻顶被完全破坏，仅残留两块三角形藻顶石，体量较大，反映出前室藻顶为南北向横置的整体大藻顶。从其余墓室石材均在原位，未遭扰动的情况看，藻顶的破坏是因为墓葬被盗扰造成的，中室、后室从墓室到藻顶均保存完好，未发现扰动迹象，因此可确定墓葬未经过后代改建。首先墓室建筑符合汉代晚期墓葬特征，石椁墓出现在西汉早期的徐州地区，为诸侯王的大型崖墓，平民墓受到这种风气影响，从西汉中期开始使用石椁墓到东汉时期发展为"前堂

后室"的布局，在东汉晚期这种画像石椁墓建筑达到极高的水平。

另一个断代依据是墓室石壁上雕刻的画像。从画像中人物服饰、画面布局、雕刻技法等多个方面来具体分析。人物服饰分为汉服和胡服两大类，汉服有介帻、笼冠、袍等，胡服主要是尖帽和袴，这些服饰在其他纪年清楚的汉墓画像中均可找到，从而证明了画像的时代应该为汉代。画面布局方面，未发现花鸟、山水为主题的画，人物画为最主要的表现内容，同时，人物也并非肖像画，而是故事画，通过故事达到教化和升仙的目的。在主要的画面之外，点缀树木、鸟等辅助装饰，使得画面整体饱满、内容丰富，充满浪漫主义色彩，这些也是汉代画像的重要特点。雕刻技法采用高浮雕技法，体现出临沂汉画像石的本地特色，也是汉代画像石的典型雕刻技法之一。因此，综合墓室结构和画像两方面的特点，费县刘家疃汉画像石墓的时代应为东汉晚期。

（二）墓主人身份

该墓葬涉及的其他问题包括墓主人身份、墓葬结构等诸问题。首先是墓主人身份，墓葬中未发现明确的墓主人名讳或者印章等确切的证据，因此墓主人身份只能依靠墓葬形制和规模来大致推断。在东汉晚期墓葬中，费县刘家疃汉墓规模中等，与兰陵城前村汉墓规模大致相当，略小于沂南汉墓和临沂吴白庄汉墓，根据沂南汉墓和临沂吴白庄汉墓墓主人的身份推定，费县刘家疃汉墓墓主人身份略低于前二者，前二者身份为二千石或以上，费县汉墓主人应为地方豪强或世家大

族子孙，经过初步的考古勘探，在其周围发现的汉墓超过了 20 座，其中有规模更大的，也有小型石椁墓，证明此地为一处东汉家族墓地。更具体的情况，还要等下一步的考古发掘来最终揭示。

墓葬结构方面，费县刘家疃汉墓规模虽然不大，但是其前室的安排比较特殊，由于没有侧室，其墓壁直接为长方形和正方形画像结合，这种形式在山东画像石墓中并不多见，尤其是其上的六角形楼阁更是汉画像石上所仅见，较为珍贵。

（三）画像布局

墓室画像的布局与墓葬"前堂后室"的布局较为一致。前室横梁画像西壁为狩猎图、东壁为车马出行图、南、北壁为历史人物画像和楼阁图。根据前文所释，楼阁图分别为墓主人所居，墓门上的车马出行和前室东壁的车马出行也分属于男、女墓主人，墓门横梁上车马出行画像中有斧车，应为男主车马，前室东壁横梁上的出行图后面有行李车，应为女主所有。根据姜生研究，历史人物虽然具备教化之功，但是在汉代画像石墓的布置中，这些人物已经升为仙人，位列仙班。狩猎图根据学者的研究亦为升仙图式。立柱画像分布上，西壁三立柱分别为熊 / 胡人 / 凤凰、熊 / 翼虎、翼龙，东壁三立柱分别为九尾狐、凤凰 / 铺首、伏羲 / 炎帝画像，南壁、北壁均为楼阁画像。总之，前室的布置整体为墓主人的升仙图。唯一缺憾在于前室藻顶的缺失，造成藻顶画像的不明，为全面的解读造成了一定的不便。中室画像西壁横梁画像为男性墓主宴飨图，东壁横梁为奇禽异兽图像，南壁横梁为墓主谒见图和四神画像，北壁为云龙车出行图。立柱画像分布上，西壁三立柱上分别为翼虎、捧盾拥彗人物、朱雀 / 翼龙画像；东壁三立柱分别为熊 / 翼虎、双结龙、交龙画像；南壁两立柱分别为东王公、熊 / 鸥鹆画像；北壁两立柱分别为胡人、翼龙画像，中室中间立柱画像前文有详述，这里不再重复。藻顶画像分别为翼龙、翼虎画像。总结中室画像，表现的应为男女墓主人升仙后的生活场景。后室画像后壁为翼龙、翼虎、羽人、鹿画像，中心画像为虎啮鹿图，表达出墓主人驱邪纳祥的美好愿望。藻顶画像为伏羲女娲，手持规矩在日月之中，象征苍穹，后室为墓主人"魄"的安息之所。

画像布置合理紧凑，尤其是升仙及升仙后生活部分表现充分，体现出费县刘家疃汉画像石墓的画像特点，具有自己的特色。

费县刘家疃汉画像石墓原地保存，目前进行着考古勘探和调查工作，山东省文物局将其列入了考古遗址项目，其墓室边圹及周围墓葬的分布情况，要等待考古工作结束后另文公布，本文主要是将墓葬结构及画像进行了详细的介绍和初步的解读，以为学者提供更加全面、系统和可靠的研究资料。由于编者本身的原因，画像的释读上肯定存在错读或者漏读的现象，诚挚地希望广大专家和学者们批评指正！

图

版

1. 费县刘家疃汉画像石墓周围环境

2. 费县刘家疃汉画像石墓墓顶

图版一　费县刘家疃汉画像石墓

1. 北侧挡土墙

2. 南侧挡土墙

3. 墓门全景

图版二　挡土墙及墓门全景

1. 墓门横梁

2. 墓门北立柱

3. 墓门中立柱

4. 墓门南立柱

图版三　墓门横梁及立柱

1. 前室西壁横梁

2. 前室西壁北立柱

3. 前室西壁中立柱

4. 前室西壁南立柱

图版四　前室西壁横梁及立柱

1. 前室北壁

图版五　前室北壁

2. 前室北壁上

图版五 前室北壁

3.前室北壁下

图版五 前室北壁

1. 前室东壁横梁

2. 前室东壁北立柱

3. 前室东壁中立柱

4. 前室东壁南立柱

图版六　前室东壁横梁及立柱

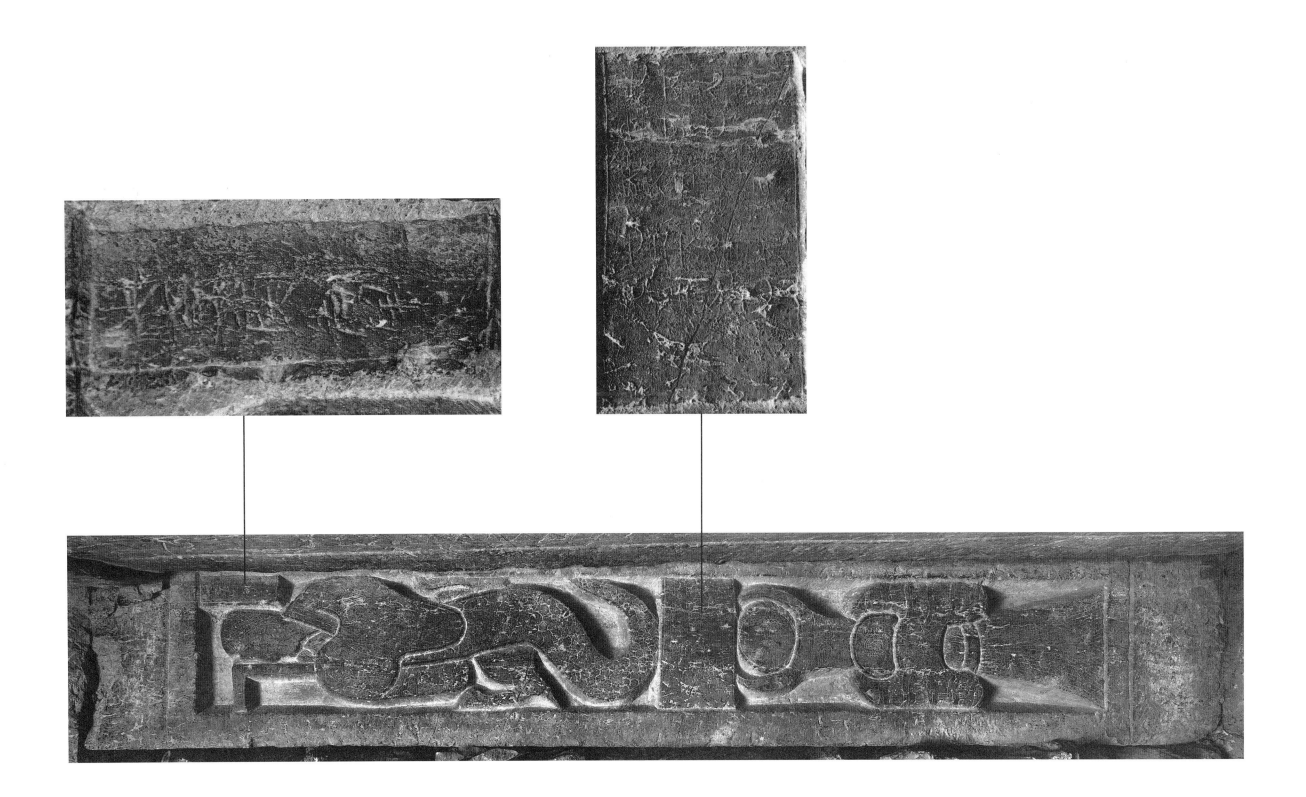

图版六　前室东壁横梁及立柱

4. 前室东壁南立柱　前室东壁南立柱

1. 前室南壁

图版七　前室南壁

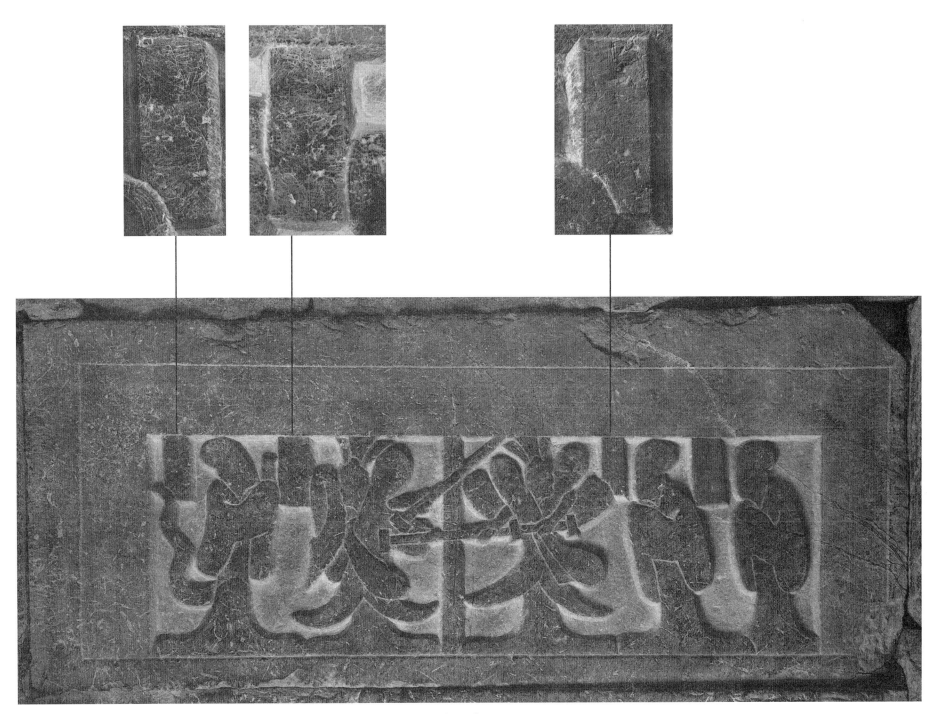

2. 前室南壁上

图版七　前室南壁

3. 前室南壁下

图版七　前室南壁

1. 中室西壁横梁

2. 中室西壁北立柱

3. 中室西壁中立柱

4. 中室西壁南立柱

图版八　中室西壁横梁及立柱

1. 中室北壁横梁

2. 中室北壁西立柱

3. 中室北壁东立柱

图版九　中室北壁横梁及立柱

1. 中室东壁横梁

2. 中室东壁北立柱

3. 中室东壁中立柱

4. 中室东壁南立柱

图版一○ 中室东壁横梁及立柱

1. 中室南壁横梁

2. 中室南壁东立柱

3. 中室南壁西立柱

图版一一　中室南壁横梁及立柱

1.中室北藻井

2.中室南藻井

图版一二　中室藻井

1. 中室立柱正面

2. 中室立柱侧面

图版一三　中室立柱

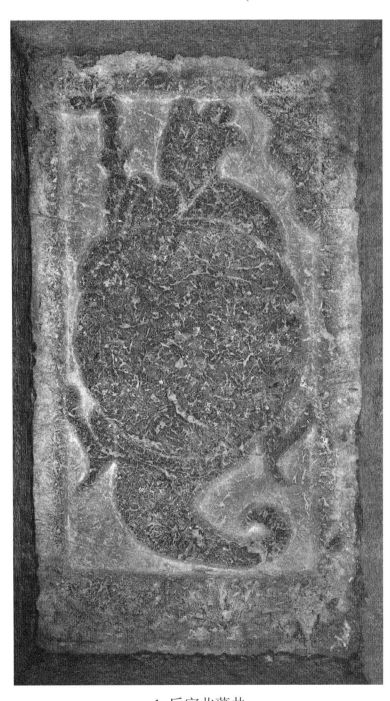

1. 后室北藻井

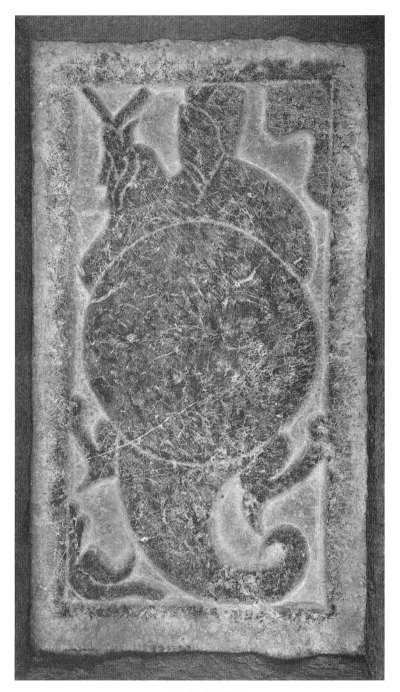

2. 后室南藻井

图版一四　后室

3.后室后壁

图版一四　后室

2. 墓门北立柱

3. 墓门南立柱

图版一五　墓门横梁及立柱拓片

1. 墓门横梁

图版一五　墓门横梁及立柱拓片

4. 墓门中立柱

2. 前室西壁北立柱

3. 前室西壁南立柱

图版一六　前室西壁横梁及立柱拓片

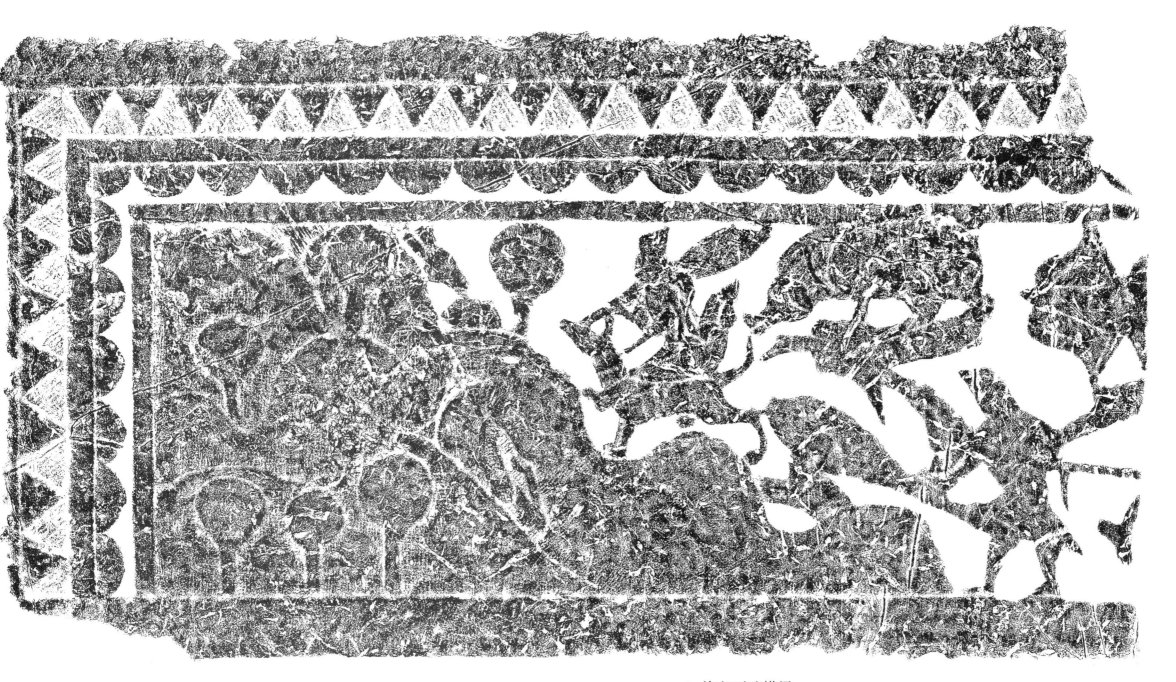

1. 前室西壁横梁

图版一六　前室西壁横梁及立柱拓片

4. 前室西壁中立柱

1. 前室北壁上

图版一七　前室北壁拓片

2. 前室北壁下

图版一七　前室北壁拓片

2. 前室东壁北立柱

3. 前室东壁南立柱

图版一八　前室东壁横梁及立柱拓片

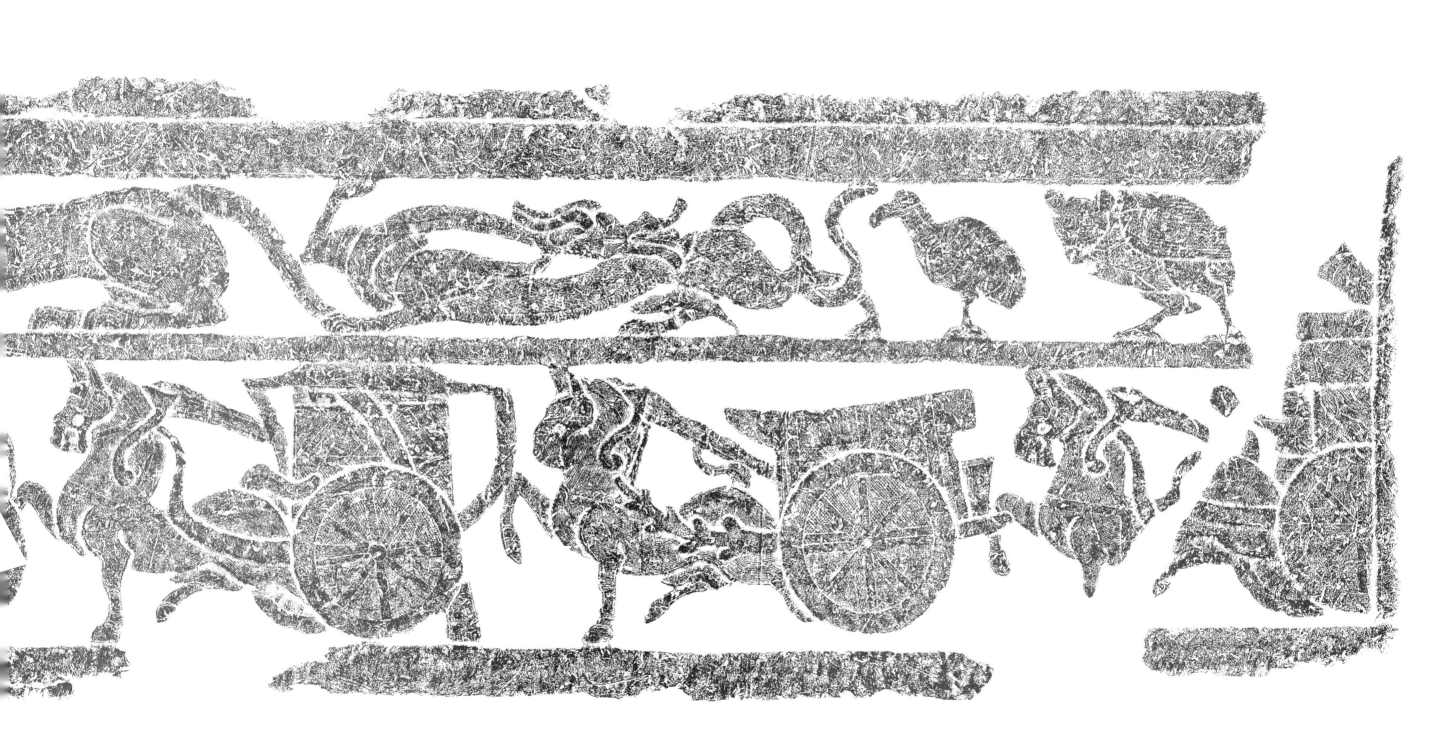

1. 前室东壁横梁

图版一八　前室东壁横梁及立柱拓片

4. 前室东壁中立柱

1. 前室南壁上

图版一九　前室南壁拓片

2. 前室南壁下

图版一九　前室南壁拓片

2. 中室西壁北立柱

3. 中室西壁南立柱

图版二〇　中室西壁横梁及立柱拓片

1. 中室西壁横梁

图版二〇　中室西壁横梁及立柱拓片

55

4. 中室西壁中立柱

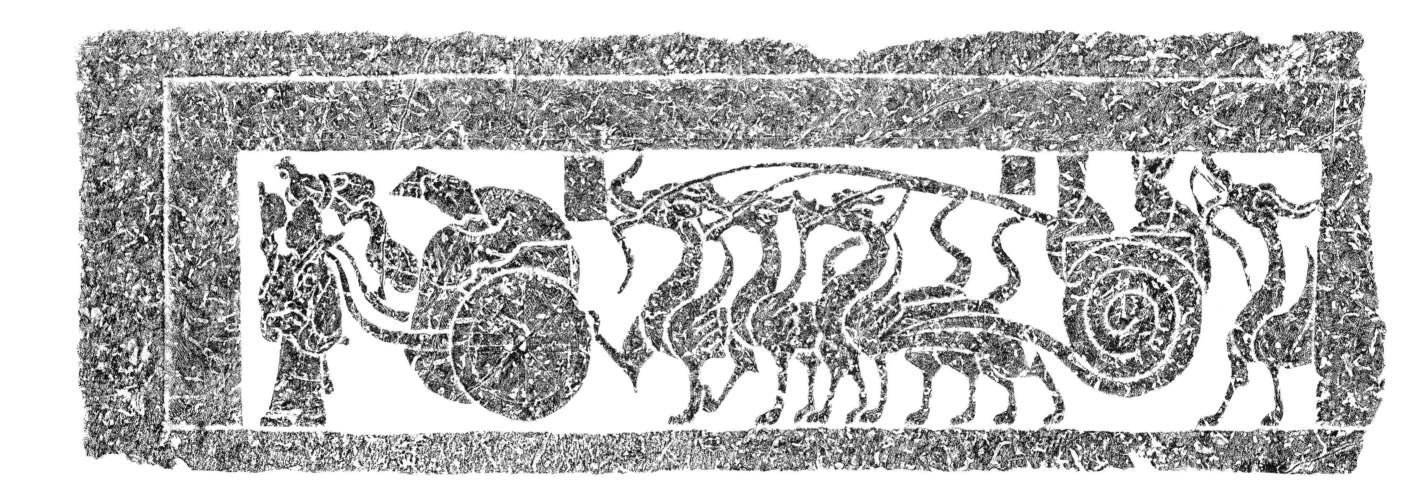

1. 中室北壁横梁

图版二一　中室北壁横梁及立柱拓片

2. 中室北壁西立柱

3. 中室北壁东立柱

图版二一　中室北壁横梁及立柱拓片

2. 中室东壁北立柱

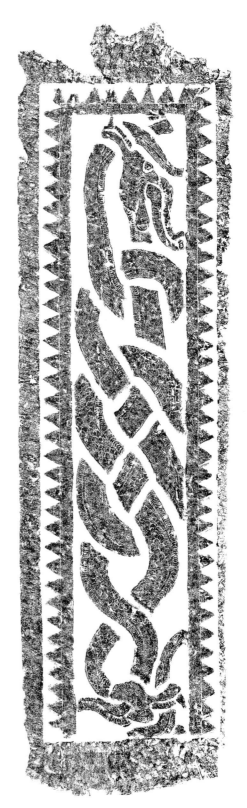

3. 中室东壁南立柱

图版二二　中室东壁横梁及立柱拓片

1. 中室东壁横梁

图版二二　中室东壁横梁及立柱拓片

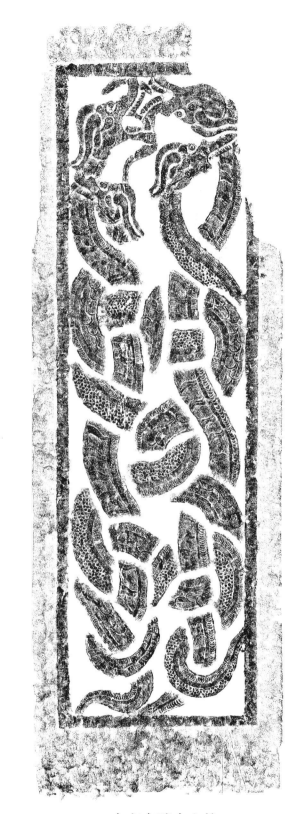

4. 中室东壁中立柱

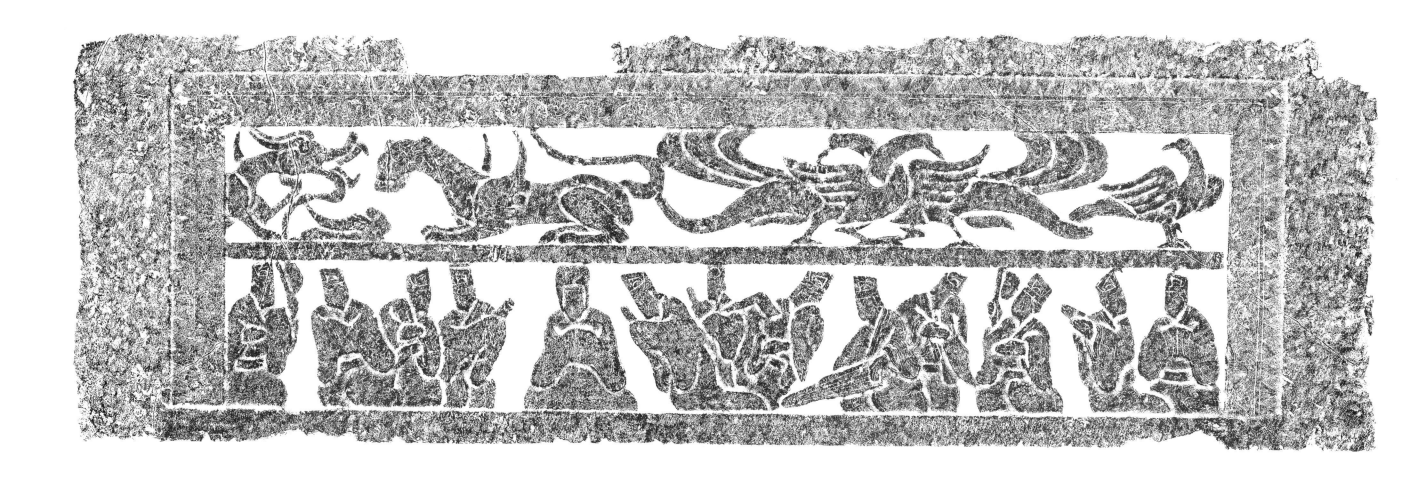

1. 中室南壁横梁

图版二三　中室南壁横梁及立柱拓片

2.中室南壁西立柱

3.中室南壁东立柱

图版二三　中室南壁横梁及立柱拓片

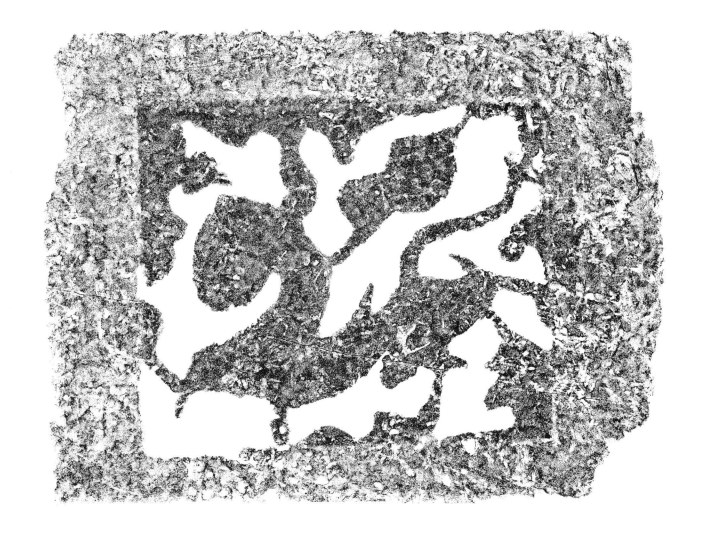

1. 中室北藻井

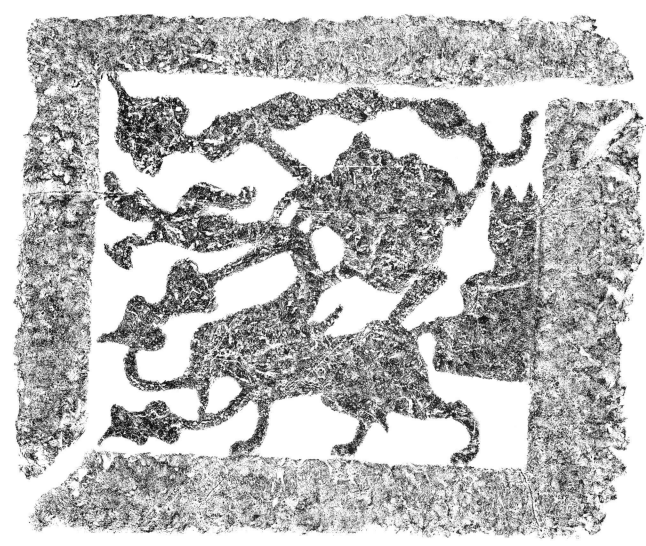

2. 中室南藻井

图版二四　中室藻井拓片

1. 中室栌斗

2. 中室栌斗

3. 中室柱身

图版二五　中室石柱拓片

1. 后室后壁

图版二六　后室拓片

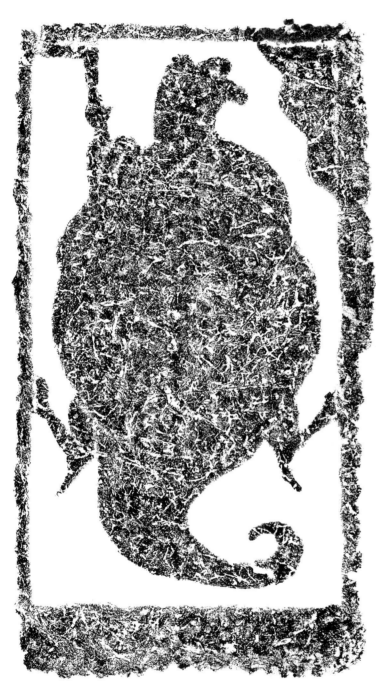

2. 后室北藻井

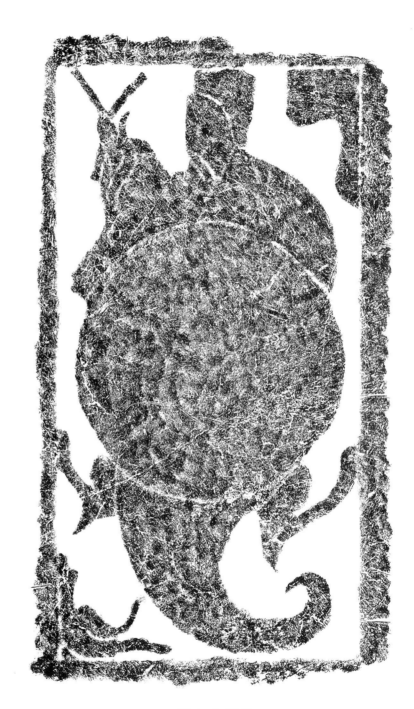

3. 后室南藻井

图版二六　后室拓片

图版二七　藻井石原石及拓片

 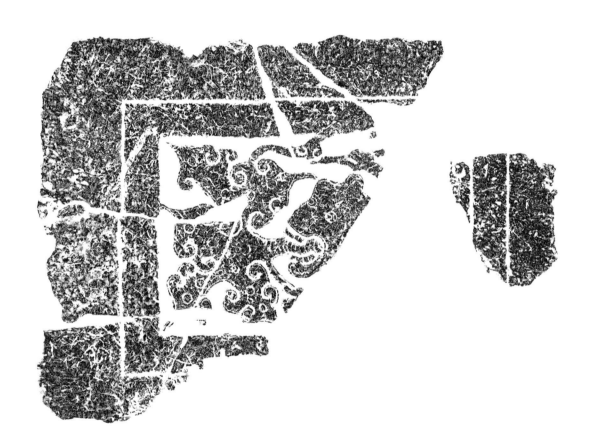

图版二八　藻井石原石及拓片

插

图

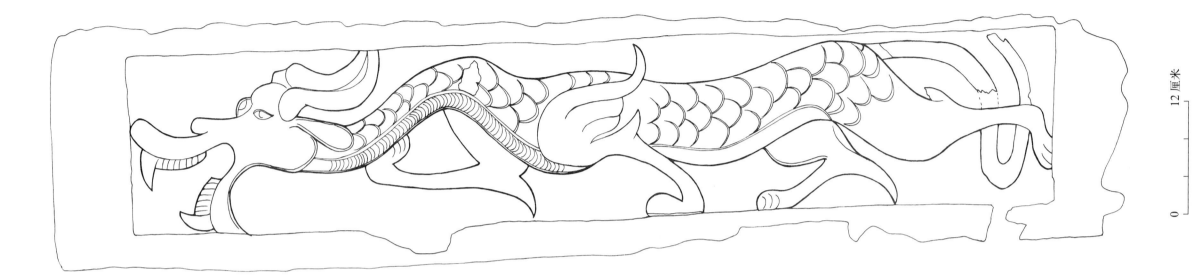

图一四 墓门南立柱画像线描图

0 　 12厘米

图一三 墓门北立柱画像线描图

0 　 12厘米

0　　　　　12厘米

图一二　墓门横梁画像线描图

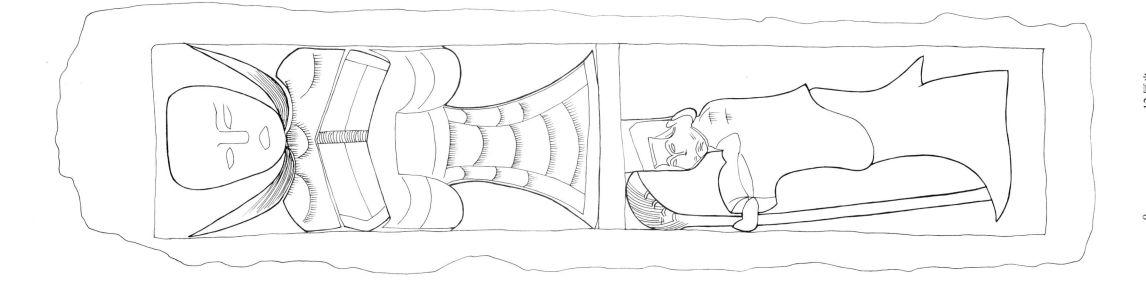

图一五　墓门中立柱画像线描图

0 ———— 12 厘米

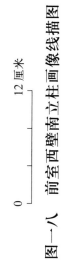

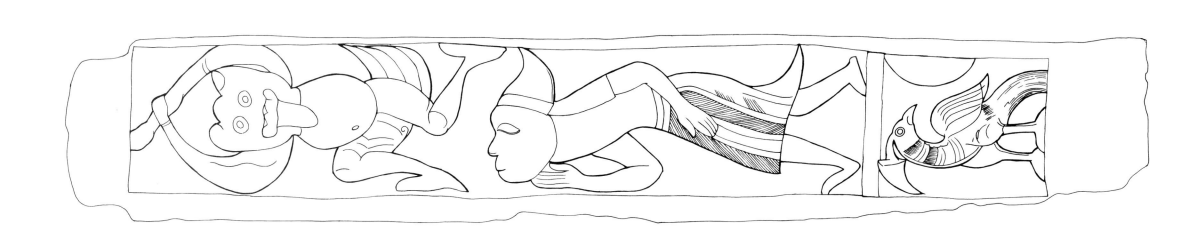

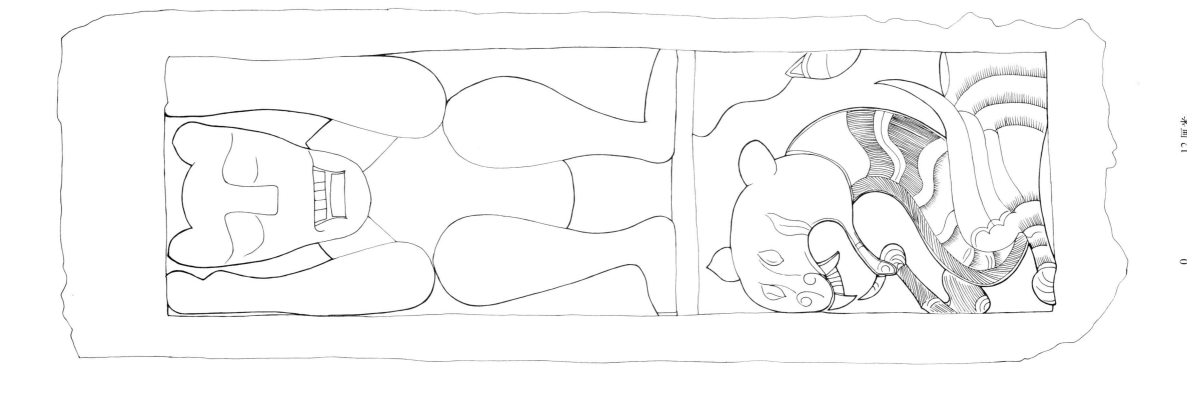

图一九　前室西壁两壁中立柱画像线描图

0 ⸺⸺⸺⸺ 12厘米

74

0   5厘米

图二一　前室北壁下部画像线描图

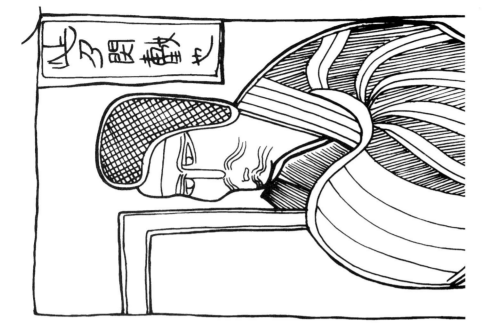

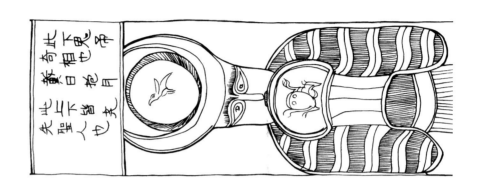

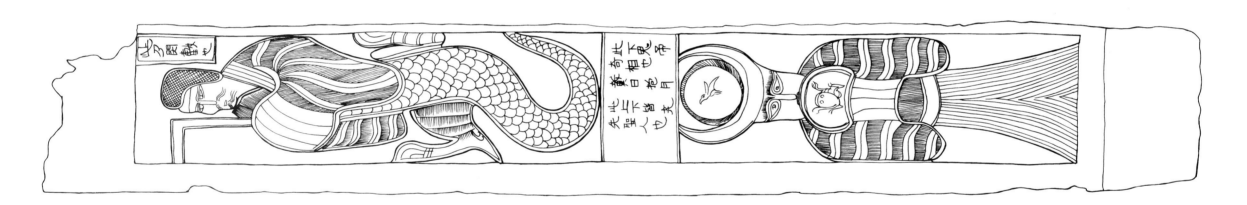

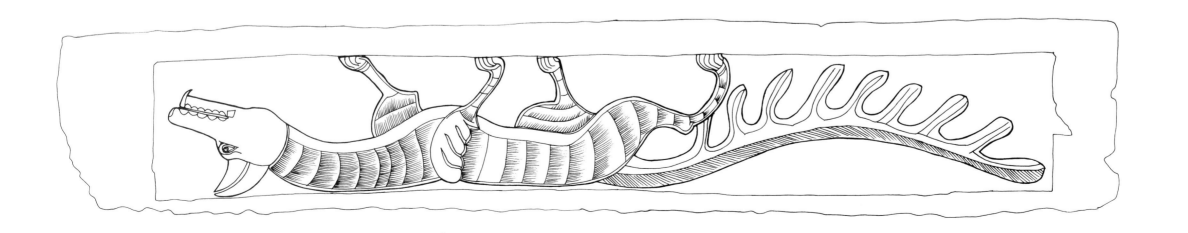

0　　　　　12 厘米

图二二　前室东壁横梁画像线描图

图二五　前室东壁中立柱画像线描图

0 12 厘米

78

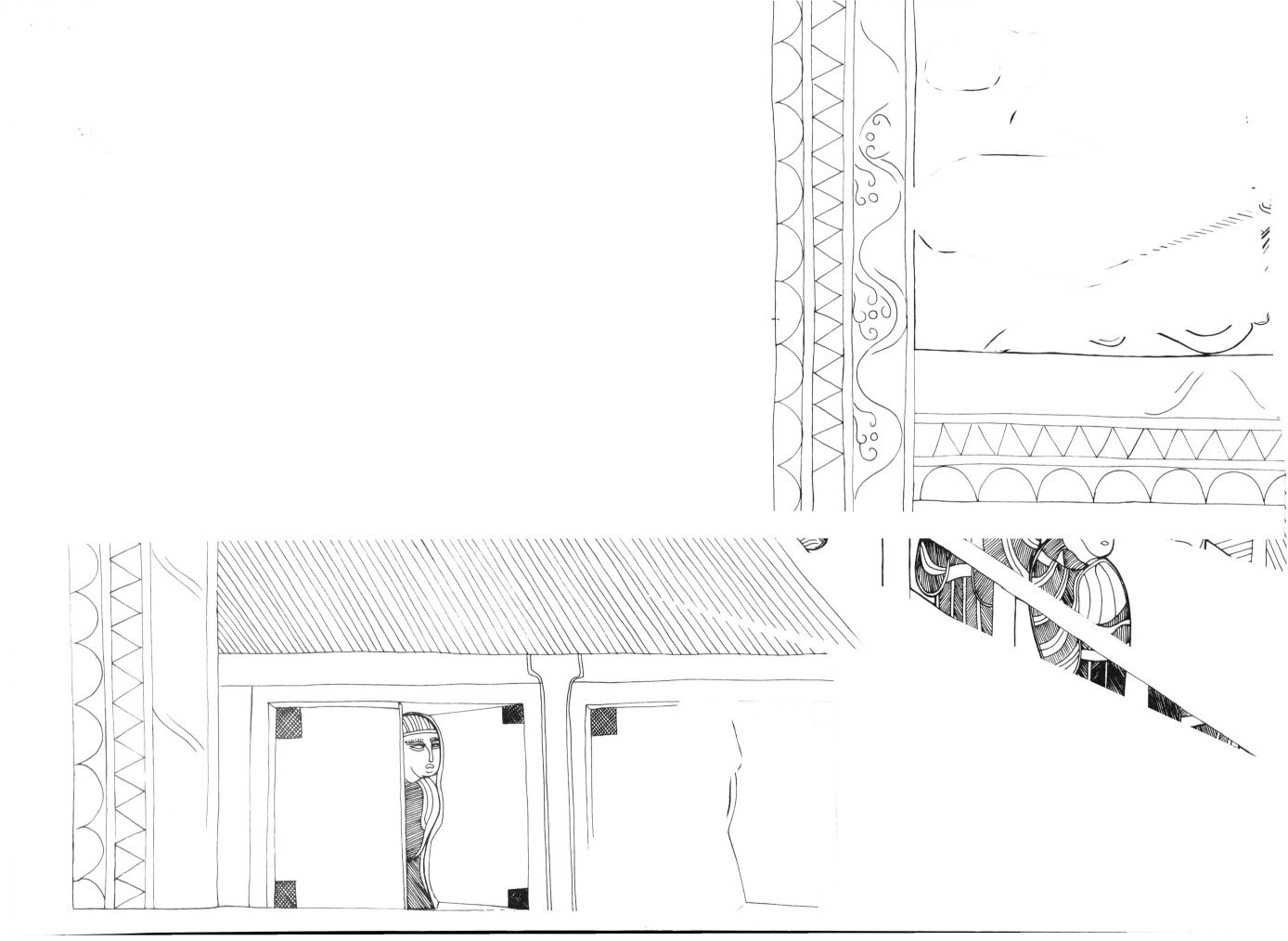

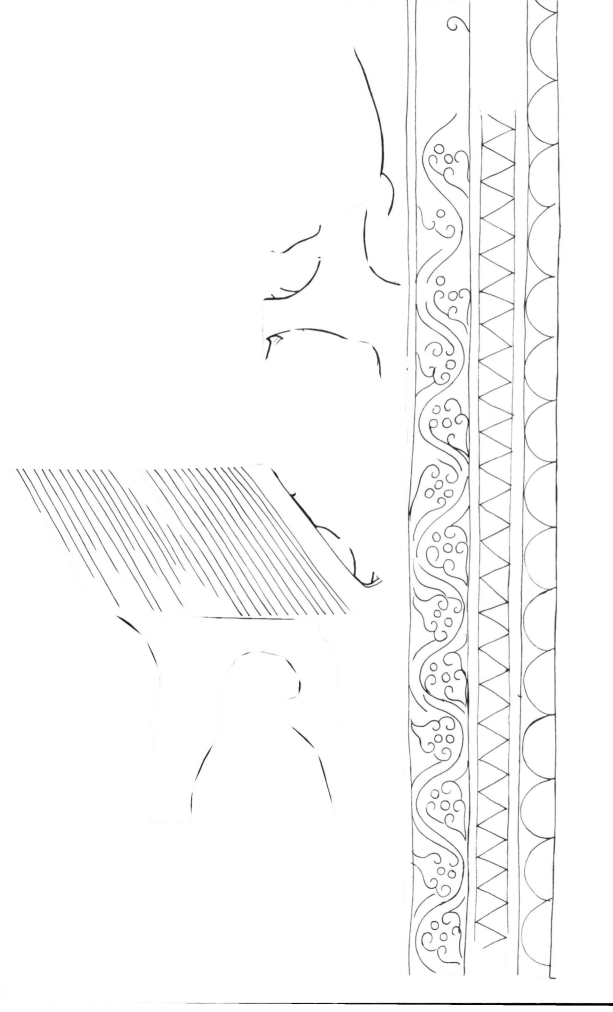

0　　　5厘米

图二七　前室南壁下部画像线描图

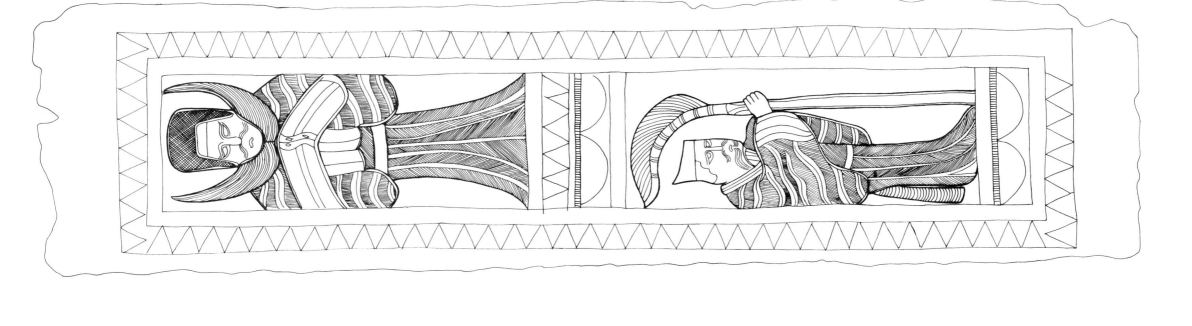

图三〇　中室西壁南立柱画像线描图

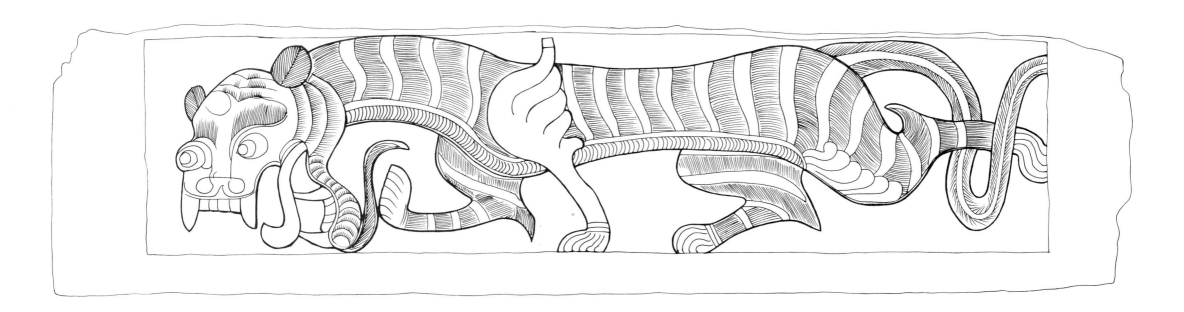

图一九　中室西壁北立柱画像线描图

0   12厘米

图二八　中室西壁横梁画像线描图

图三一　中室两壁中立柱画像线描图

12厘米

0

0 ————— 12厘米

图三二　中室北壁横梁画像线描图

图三四　中室北壁东立柱画像线描图

图三三　中室北壁西立柱画像线描图

0　　　　　12 厘米

0　　　　　12 厘米

84

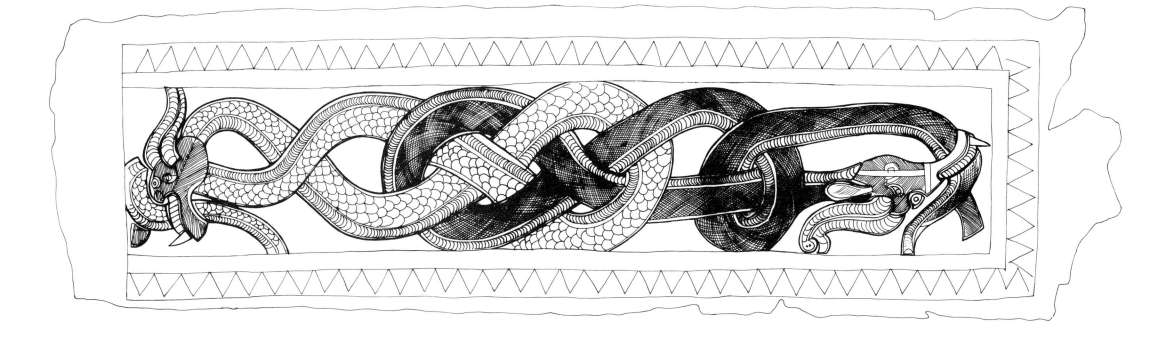

图三七　中室东壁南立柱画像线描图

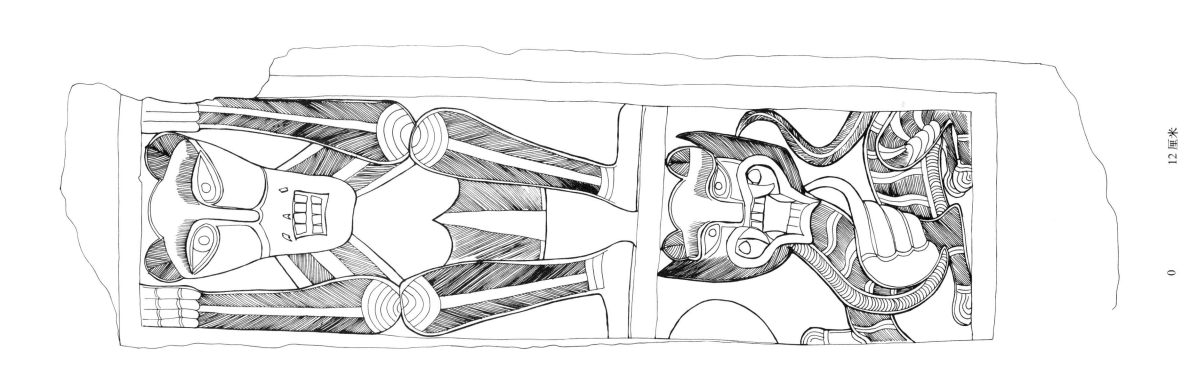

图三六　中室东壁北立柱画像线描图

0 ├─────┤ 12 厘米

0   12 厘米

图三五　中室东壁横梁画像线描图

0   12 厘米

图三八 中室东壁中立柱画像线描图

0 ⊢——⊢——⊣ 12 厘米

图三九　中室南壁横梁画像线描图

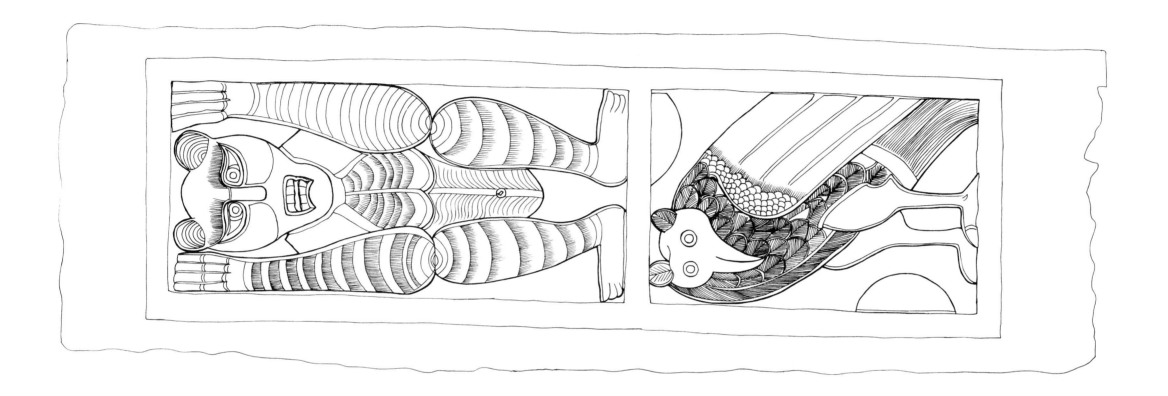

图四一 中室南壁东立柱画像线描图

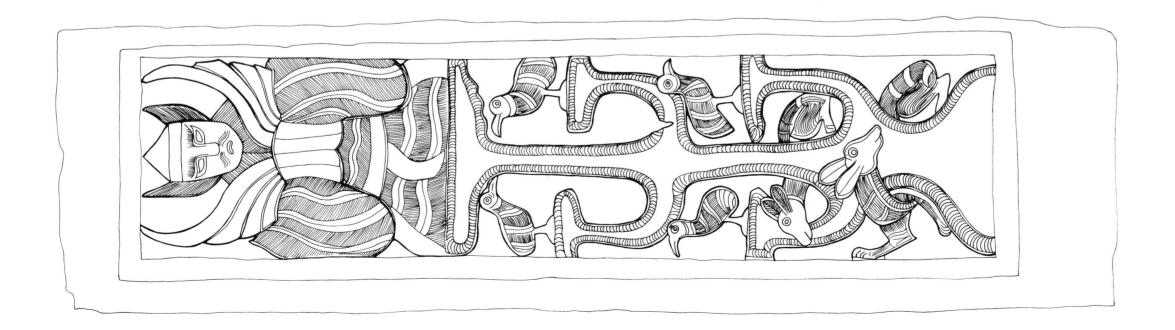

图四〇 中室南壁西立柱画像线描图

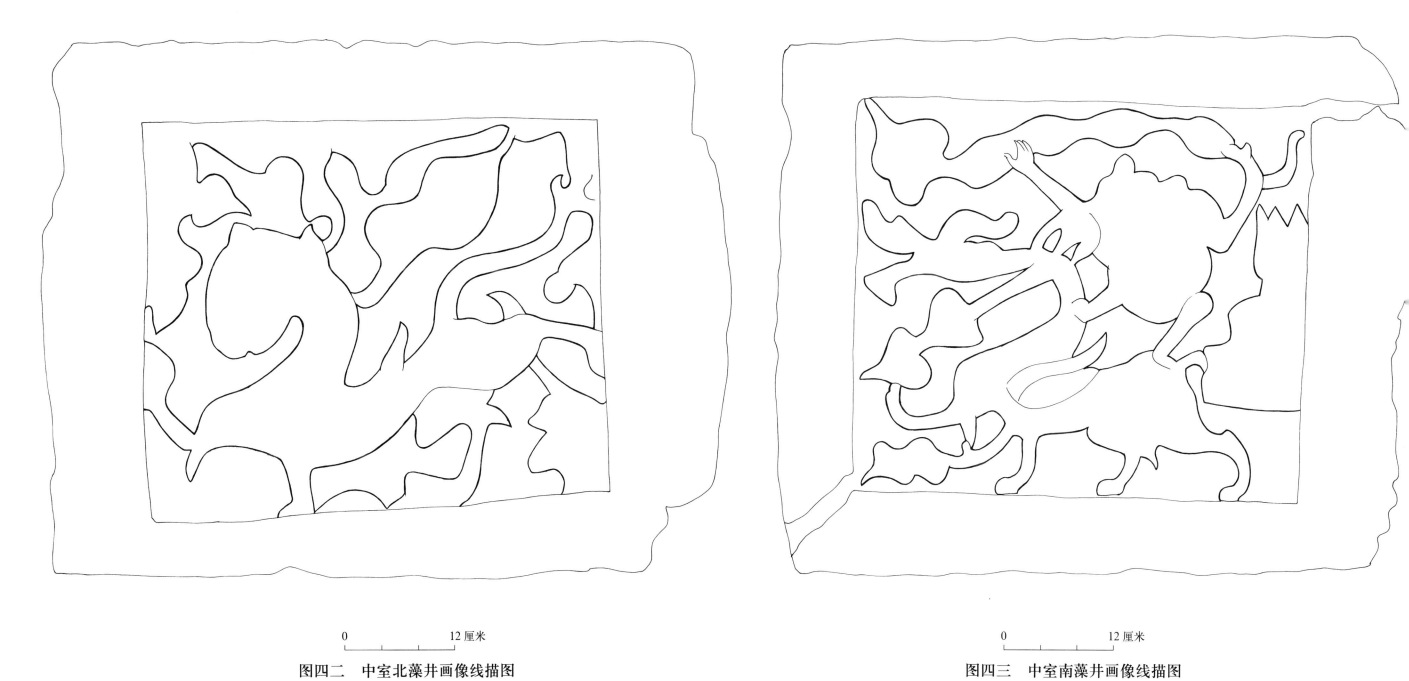

0　　　　　　　12 厘米

0　　　　　　　12 厘米

图四二　中室北藻井画像线描图

图四三　中室南藻井画像线描图

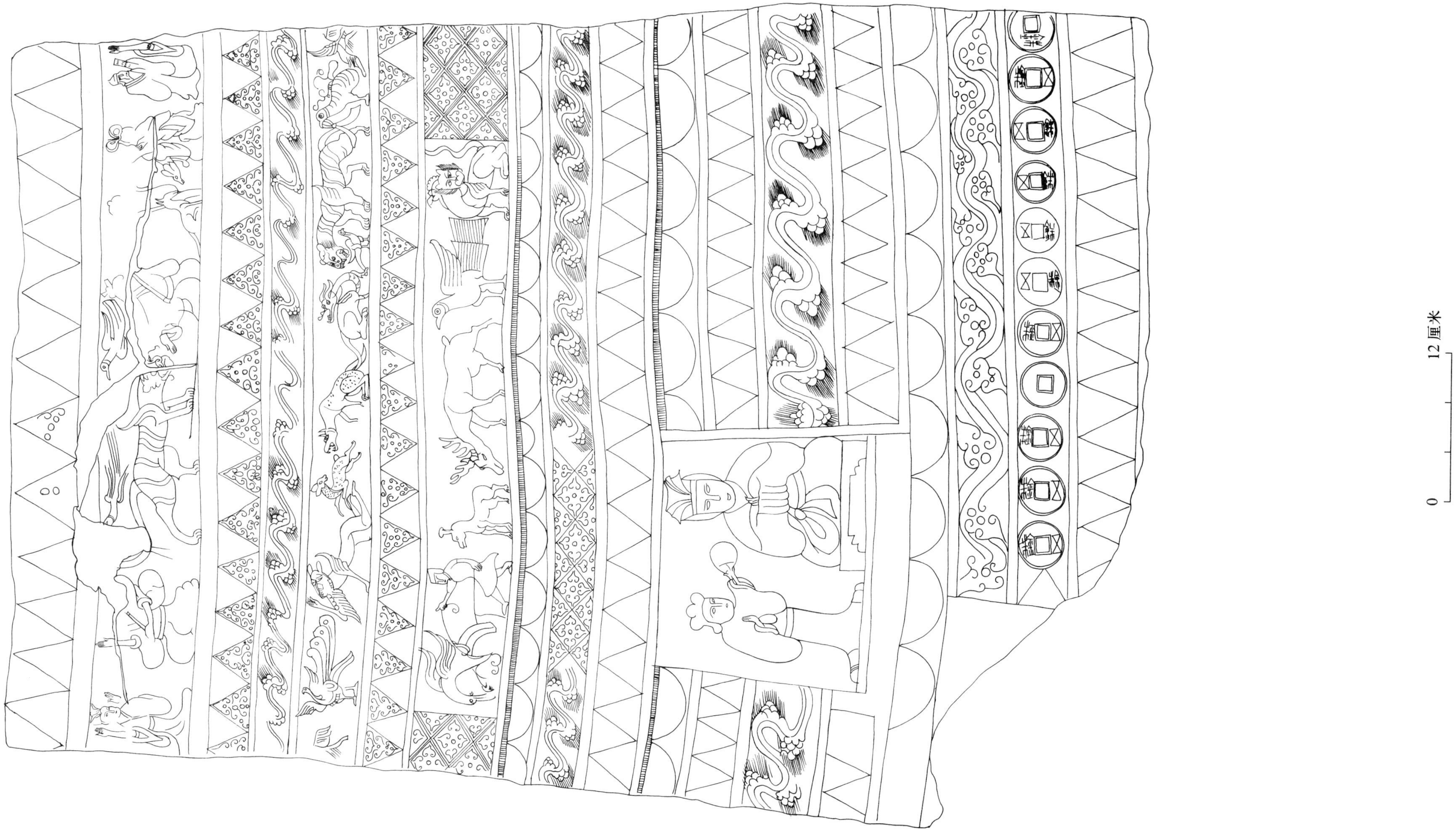

图四四 中室立柱画像展开线描图

0　　　　　　12厘米

图四六　后室北藻井画像线描图

0　　　　　　12厘米

图四七　后室南藻井画像线描图

0   12 厘米

图四八　藻井石画像线图

0   12 厘米

图四九　藻井石画像线图

附　录

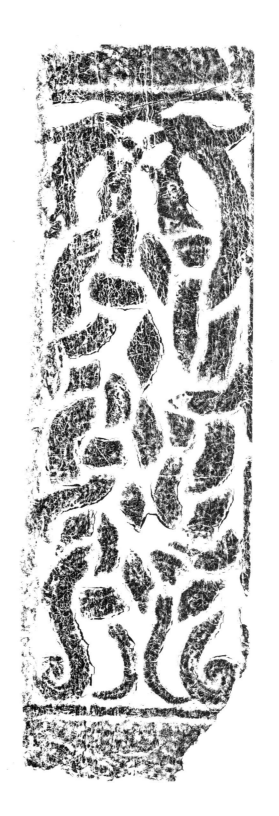

盘龙画像石
汉代
费县刘家疃村出土
纵65，横113，厚36厘米。

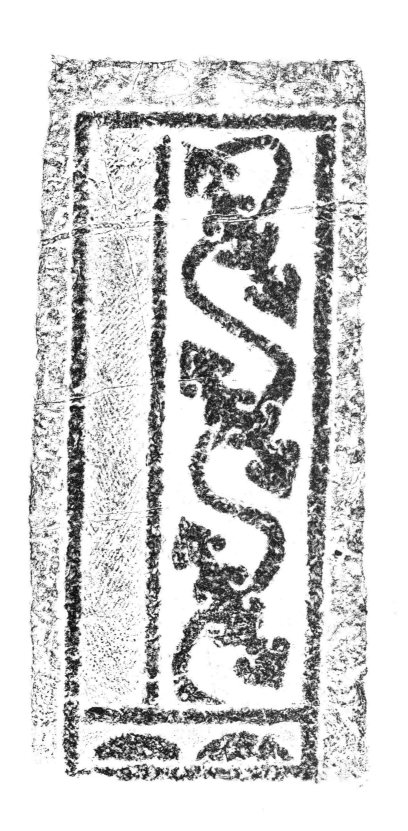

云纹画像石

汉代

费县刘家疃村出土

纵96、横44，厚45厘米

正面为云气纹，两侧似为鸟头。

两侧面为云气纹。

 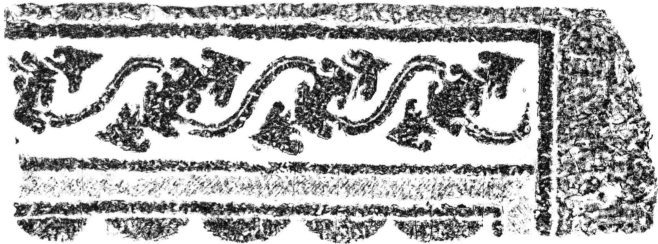

云纹画像石

汉代

费县刘家疃村出土

纵38，横113，厚36厘米

刻二方连续云纹，一侧似为鸟头。

翼虎画像石

汉代

费县刘家疃村出土

纵46，横102，厚24厘米

画面刻一翼虎，四周边框内刻连弧纹。

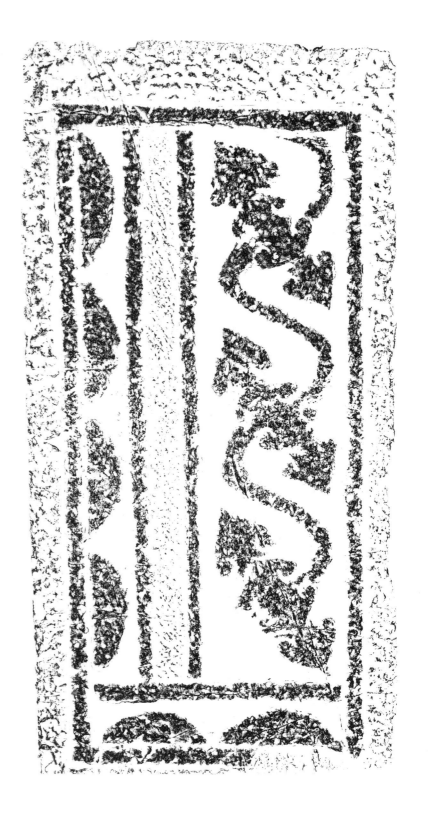

云纹画像石

汉代

费县刘家疃村出土

纵97，横49，厚34厘米

刻二方连续云纹，一侧似为鸟头，边框内刻连弧纹。

云纹画像石

汉代

费县刘家疃村出土

纵31，横167，厚20厘米

刻二方连续云纹，一侧似为鸟头。

瑞兽画像石

汉代

费县刘家疃村出土

纵23，横80，厚51厘米

画像石断裂为两块，右侧画面似刻一虎及一不知名动物。

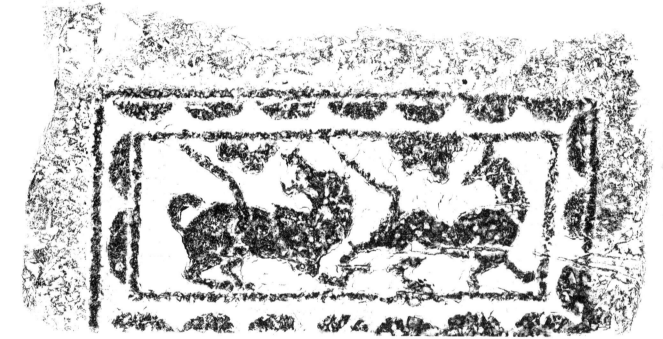

瑞兽画像石

汉代

费县周山头村出土

纵54，横100，厚19厘米

画面刻两瑞兽。

车马出行画像石
汉代
费县周山头村出土
纵40，横113，厚16厘米
画像石残缺，中间穿凿一长方形孔，一侧有题刻，内容为
"人马食太仓……"另一侧残留一马车，下部饰连弧纹。

穿璧纹画像石

汉代

费县鲁城村东跑马岭出土

纵112，横46，厚35厘米

凿纹减地阴线刻，画面中间
刻穿璧纹，两层边框。侧面
刻一龙。

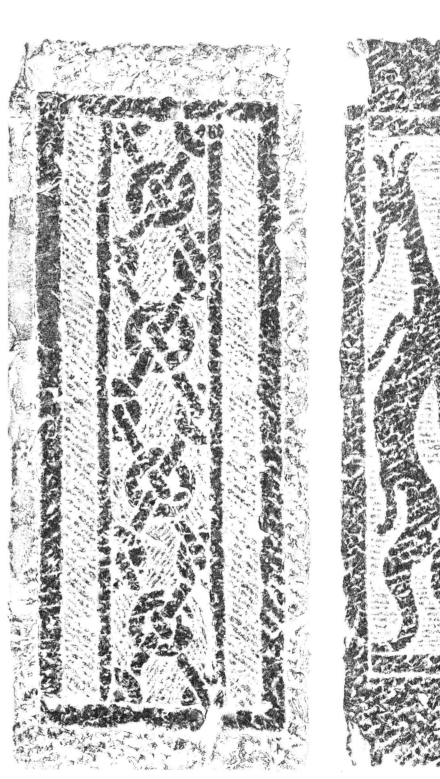

常青树画像石
汉代
费县鲁城村东跑马岭出土
纵88，横115厘米
画面中间分两层，上层刻山峦，
下层刻常青树。四周边框数层，
刻连弧纹、菱形纹等。

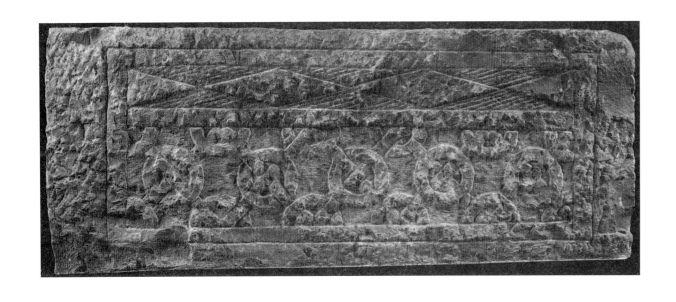 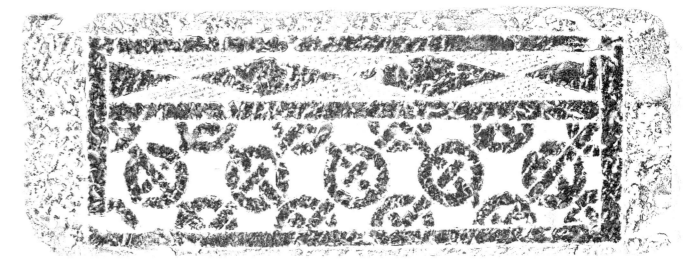

穿璧纹画像石

汉代

费县鲁城村东跑马岭出土

纵48，横112，厚30厘米

画像上部刻菱形纹，下部刻穿璧纹。

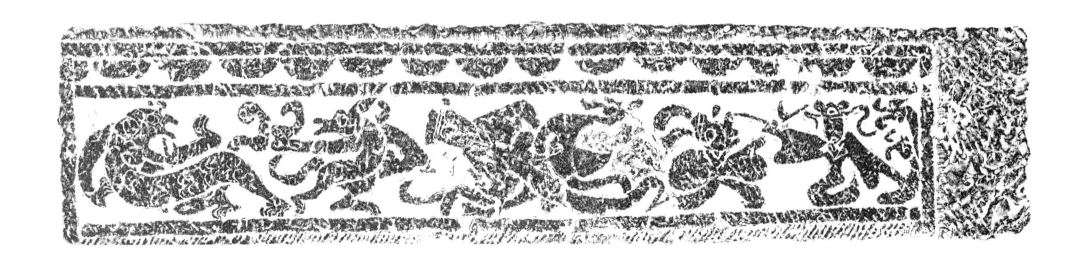

人物瑞兽画像石

汉代

费县鲁城村东跑马岭出土

纵39，横194，厚32厘米

画面刻神人异兽，似在相互搏斗，边框饰连弧纹。

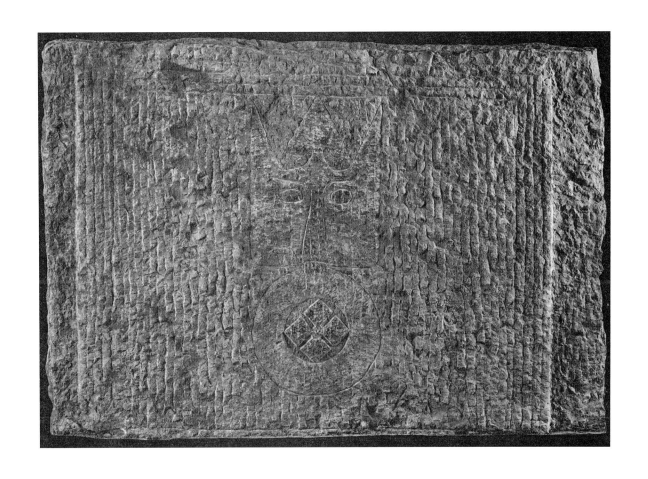

铺首衔环画像石

汉代

费县鲁城村东跑马岭出土

纵75，横110，厚15厘米

画面中间刻铺首衔环，环内刻柿蒂纹。

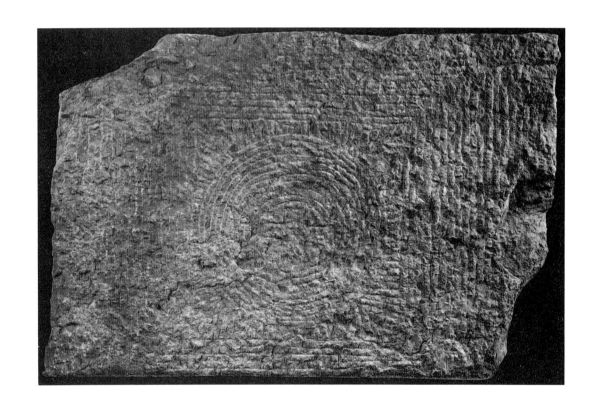 

璧纹画像石

汉代

费县鲁城村东跑马岭出土

纵66，横100，厚10厘米

画面中间刻璧形纹饰，内刻一十字纹，四周凿

纹地阴线刻。

柿蒂纹、双鱼纹画像石

汉代

费县鲁城村东跑马岭出土

纵92，横100厘米

画面上层刻柿蒂纹，下层刻双鱼，边
框内饰连弧纹及菱形纹。

 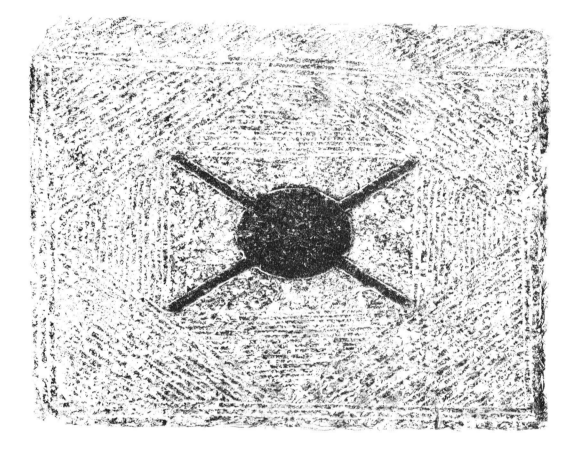

穿璧纹画像

汉代

费县鲁城村东跑马岭出土

纵73、横97，厚12厘米

画面中间刻穿璧纹，四周凿纹地阴线刻。

人物画像石

汉代

费县孔家汪村出土

纵70，横74厘米

画面分上下两层，上层三人物似在宴饮，下层中间为主人，左右两侍者。

 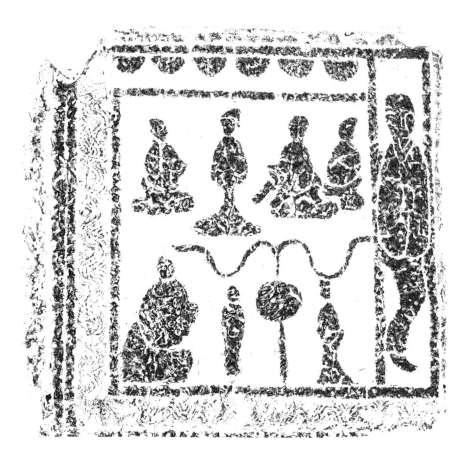

乐舞画像石

汉代

费县孔家汪村出土

纵90，横118，厚16厘米

画像刻乐舞画面，上部四个人物似在奏乐舞蹈，下部三人物及
一建鼓，左侧刻一人身蛇尾之人。

人物画像石
汉代
费县孔家汪村出土
纵77，横75厘米
画面中间一人物手持物站立。

铺首衔环画像石
汉代
费县孔家汪村出土
纵75,横92,厚13厘米
画面中间刻铺首衔环,四周刻菱形纹及连弧形纹饰。

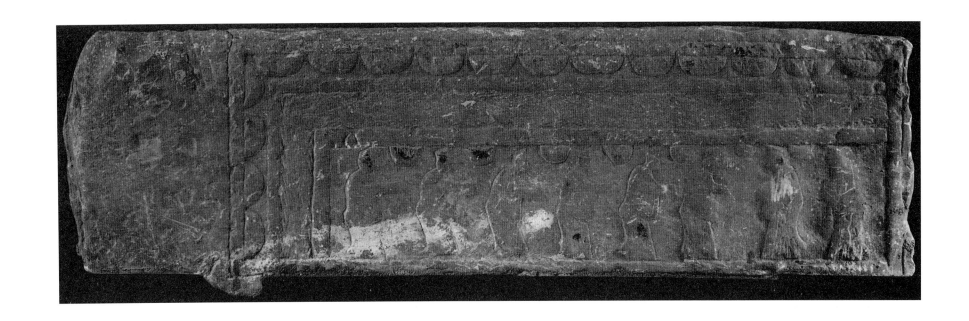

人物拜谒画像石
汉代
费县赵家庄村出土
纵46，横164，厚18厘米
画像边饰连弧纹，画面共刻八人，一侧两人，一侧六人，作拜谒状。

狩猎出行画像石

汉代

费县赵家庄村出土

纵44，横159，厚22厘米

画面上层刻穿璧，下层为车马出行及狩猎。

人物、牛画像石

汉代

费县包家庄村出土

纵46，横35—50厘米

画像残缺，上方刻两飞鸟。下方为人物、牛。

车马出行画像石
汉代
费县包家庄村出土
纵50，横40厘米
画像残缺，刻一马车，车上两人，一人驾车，一人端坐。马前残存一双层阙；马车上方为飞鸟及蛇。

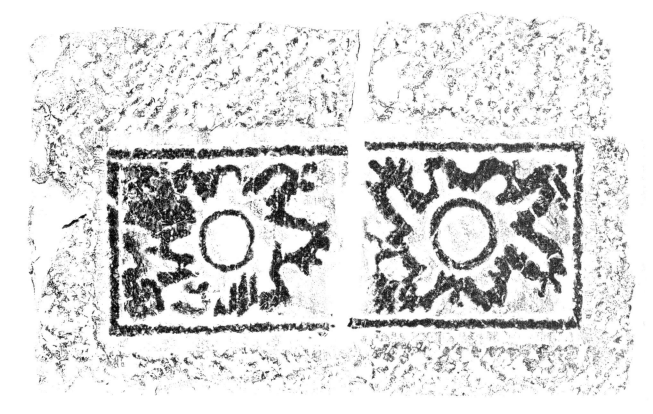

日、月、云气纹画像石

汉代

费县包家庄村出土

纵70，横118，厚16厘米

画像石断为两截，画面模糊难辨，两圆形图案似为云气纹环绕的日、月。

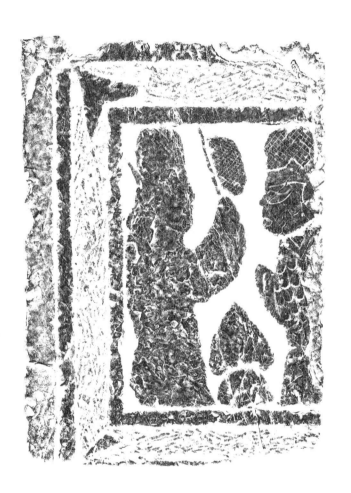

人物画像石

汉代

费县包家庄村出土

纵63，横45，厚12厘米

画像残缺，二人相对而立，一人手持便面，另一人作拱手状。

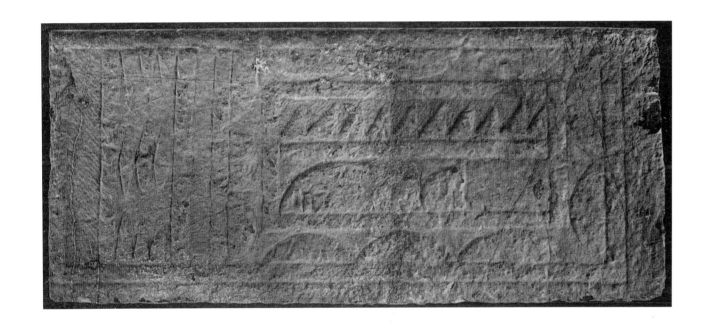 

鱼画像石

汉代

费县包家庄村出土

纵42、横100，厚23厘米

画像四周饰连弧纹、菱形纹，中间为一鱼。

穿璧画像石

汉代

费县包家庄村出土

纵75，横125，厚22厘米

画像边饰鱼纹、三角纹，中间为穿璧。

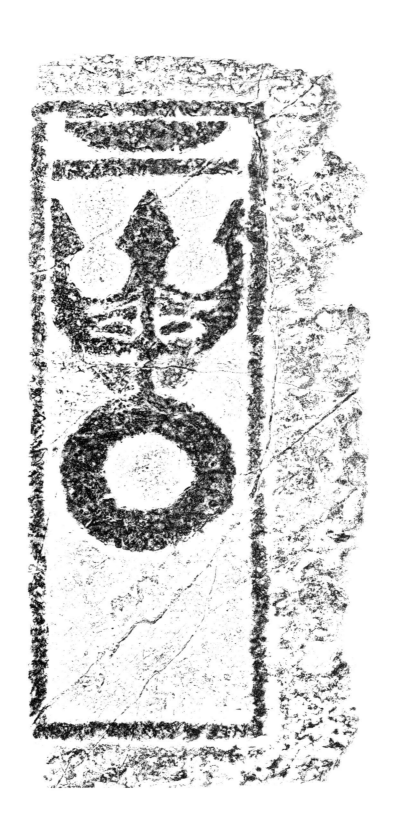

铺首衔环画像石

汉代

费县包家庄村出土

纵99，横43，厚32厘米

铺首呈"山字形"，下衔一环。

画面上部饰垂幛纹。

车马出行画像石
汉代
费县包家庄村出土
纵40，横98，厚32；纵40，横52，厚32厘米
画像石断裂，上部刻穿璧，下部刻车骑出行，刻一轺
车、两骑，前有迎者，后有送者。

柿蒂、常青树、蟠龙画像石

汉代

费县包家庄村出土

纵63，横278，厚25厘米

画像石断裂，周饰三角纹、斜线纹。画面可分作五栏，第一栏上为柿蒂，下部菱形纹；第二栏上部刻铺首衔环，下部常青树；第三栏刻一马一树，树上两只鸟共衔一绶带；第四栏上部刻一鸟，下部刻一常青树；最后一栏刻两龙交盘，龙四周刻人物、鱼等。

铺首衔环画像石

汉代

费县包家庄村出土

纵63，横235，厚16厘米

画像石周饰三角纹、斜线纹。画面共分五栏，第一栏刻常青树，第二栏
上部刻铺首衔环，下部刻桑树；第三栏刻常青树，第四栏上部刻柿蒂
纹，下部刻对三角纹，最后一栏刻对三角纹。

车马出行画像石

汉代

费县包家庄村出土

纵38，横133，厚30厘米

画像石残缺，画面上层刻穿璧，下层为车骑出行，一马车，三骑，一人拱手送行。

楼阁双阙画像石

汉代

费县包家庄村出土

纵44，横179，厚36厘米

凿纹减地阴线刻。画面中间刻楼阁双阙，楼阁下
一侧刻一马，另一侧图像模糊不清。楼阁双阙两
侧刻菱形纹及穿璧纹。

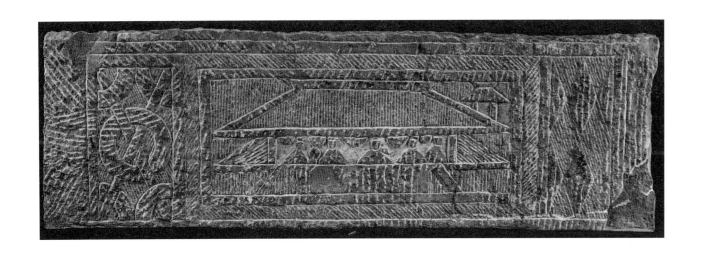

人物楼阁画像石

汉代

费县包家庄村出土

纵44，横141，厚36厘米

画面中间刻一双层楼阁及一阙，楼上五人物端坐，楼阁两侧分别
刻穿璧纹、菱形纹。

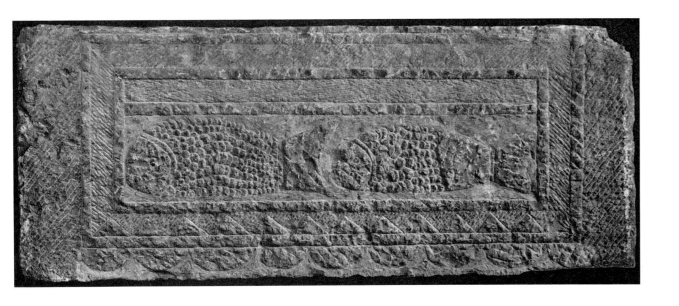
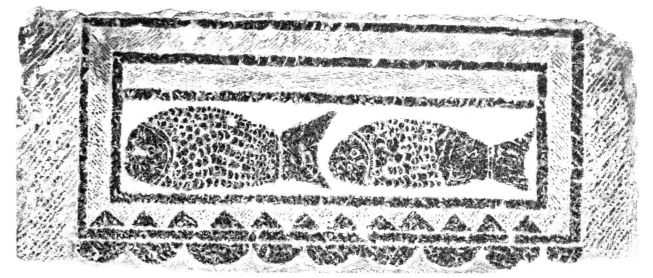

双鱼画像石
汉代
费县包家庄村出土
纵54，横136，厚18厘米
凿纹减地阴线刻。画面为双鱼，边框刻三角
纹及连弧纹。

铺首衔环画像石

汉代

纵116，横56，厚20厘米

画像石中间断裂，两铺首均为"山"字形，共衔一环，环中间刻柿蒂纹。

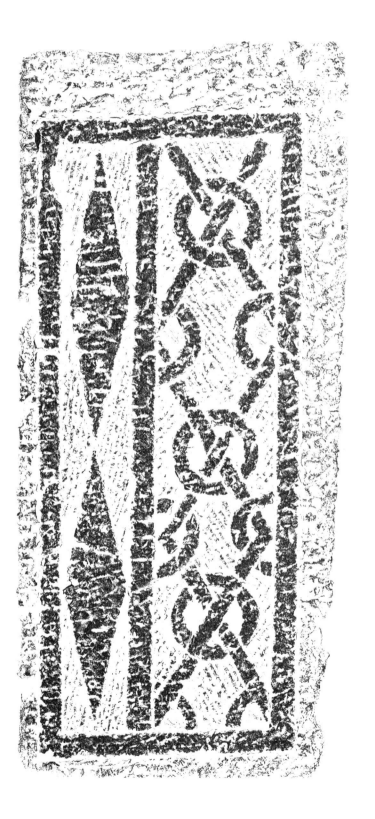

穿璧纹画像石

汉代

费县包家庄村出土

纵48，横108，厚27厘米

凿纹地阴线刻，一侧刻菱形纹，一侧刻穿璧纹。

云气纹、穿璧纹画像石

汉代

费县包家庄村出土

纵90，横95，厚17厘米

画像石边框饰连弧纹，画面一侧刻云气纹，一侧刻穿璧纹。

后 记

　　本书即将付梓之际，首先要感谢山东博物馆领导班子的关心和支持，使得工作得以顺利进行。感谢临沂市文物局岳伟、闫光星等领导的支持，邱波、张子晓的具体组织协调，派员帮助工作，张子晓还亲临现场，指导发掘工作。费县博物馆潘振华、尹传亮等不仅全力配合，而且悉心安排食宿，问寒问暖，无微不至，让人感受到回家的温暖。还要感谢赖非老师，亲自题写了书名。文物出版社用心至深，做精品书，做好看书，为广大汉画爱好者送上一份精美的礼物。最后，还要感谢家人和朋友，没有你们的支持和鼓励，就没有课题组的这些成绩！